書けるから、
やる気倍増！

外に出して
どんどん伸びる

「アウトプット勉強法」

親野智可等
Oyano Chikara

KADOKAWA

はじめに

子どもが学びを楽しめるように

本書を手に取った保護者の方は、皆さん「子どもに勉強好きになってほしい。学力が上がってほしい」と願っていると思います。そのために、環境や言葉のかけ方を工夫するなど、いろいろ努力しているはずです。

私は、そのような皆さんと子どもたちのために、役立つ本を書きたいと以前から思っていました。その思いが結実したのが本書です。

まず私が強調したかったのは「アウトプット学習」の効果と重要性です。そして、その具体的な方法についてもできるだけたくさん紹介したいと思いました。

子どもの学習方法は、大まかに「インプット学習」と「アウトプット学習」の2つに分けられます。インプットとは「中に入れること」です。ですから、インプット学習とは「情報や知識を読んだり聞いたりして自分の中に取り入れること」です。

アウトプットとは「外に出すこと」です。ですから、アウトプット学習とは、「インプット学習で取り入れた情報や知識を自分の中で加工し、話したり書いたりして出すこと」です。

そして、話す・書くなどのアウトプットをするためには、情報や知識をより確実に深く理解する必要があります。それによって、学習内容の定着も進みます。

また、自分が好きな手法でアウトプットするのは、子どもたちにとってそれ自体が楽しい活動です。ですから、好きなアウトプットをするためにもっとインプットしたいというモチベーションが働き、インプット学習もいっそう進むという好循環も生まれます。

ただ、アウトプットがすばらしいことだとわかっても、実際に子どもにどんなことをしてあげればいいのかわからないという保護者の方も多いと思います。

そこで本書では、大きく「話す」「書く」という章に分けて、アウトプット学習の具体例を提案しています。宿題の延長や、遊び感覚でできるものも紹介していますので、子どもたちにも気軽に取り組んでもらえると思います。

まずは、始めやすそうなものから始めてみてください。もし、子どもが興味を示さなければ、無理にやらせる必要はありません。強制すると逆効果になるだけですから。

子どもだけでなく家族で一緒に楽しめるものもありますので、ぜひ家族の触れ合いを兼ねてやってみてください。そして、子どものやる気をさらに引き出すために、たくさん驚いたり褒めてあげたりしてほしいと思います。

大人が「へー、そうなんだ！　知らなかったよ」と驚いたり、子どもが書いたノートに大きな花丸を描いてあげたりしてください。そうすると、子どもはうれしくて、もっともっとアウトプットしたいと思うようになるはずです。

また、子どもがアウトプット学習で作ったものを学校・塾・習い事の先生たちに見てもらうのもいいと思います。先生たちに褒めてもらえば、子どもにとってさらに大きな励みになるはずです。

時間的に余裕のある夏休みなどには、ぜひ子どもの好きなことに熱中させてアウトプットもたっぷりさせてあげてください。アウトプットすることで子どもは達成感を持つことができますし、それによって自己肯定感も高まります。

それを自由研究として学校に提出するのもいいと思います。そうすれば宿題もはかどるので一石二鳥です。

本書を参考にして、子どもがたくさんアウトプットできるよう、皆さんはぜひ手助けしてあげてください。

親野智可等

目次

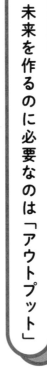

PART 2 家族で「話して」伸ばす

社会

PART 3 子どもは「書いて」伸びる

装丁	細山田デザイン事務所（細山田光宣＋鎌内 文）
本文デザイン	田山円佳（スタジオダンク）
DTP	山本秀一・山本深雪（G-clef）
企画・制作	スタジオダンク
取材	江山 彩（編集室 桜衣）
イラスト	ナカニシヒカル
校正	麦秋アートセンター
編集	眞野 薫（KADOKAWA）

PART 1

未来を作るのに必要なのは「アウトプット」

先生の話を聞いて、教科書を読む。実は、これだけだと学習した内容が知識として頭に残りにくいのです。大切なのは、得た知識を「外側」に出すこと。脳が刺激されて、知識がどんどん蓄積されていきます。

アウトプットで学習内容が定着

POINT

- 優秀な人材を育てる「ハブルータ学習法」
- 学習定着率を上げる「アウトプット学習」
- 受け身の学習では学力を伸ばしにくい

優秀な人材を輩出するユダヤの人々の学習法

学習には大きく分けて「インプット学習」と「アウトプット学習」の2つがあります。もちろん、どちらにもメリット・デメリットがありますが、それを考える上での1つの参考として、教育に熱心なユダヤの人々の教育方針を紹介します。

世界人口に占めるユダヤ系の割合は0・2%程度にすぎませんが、ノーベル賞受賞者の実に22%がユダヤ系の人々です。

また、アメリカの全人口のうち、ユダヤ系の割合が3%未満であることを考えると、全企業のCEO（最高経営責任者）の20%がユダヤ系なのは驚異的な割合だといえるでしょう。

さらにアメリカの一流大学の学生の25～30%はユダヤ系で、弁護士や大学教授、医師などの割合も高いことが知られています。こんなにも優秀な人材が多い理由は、歴史的な背景を含めて、1つに絞ることはできません。

ただ、ユダヤの人々は自分たちの王国を失ってから世界中に散らばり、どの場所においてもマイノリティとして生きる中で、教育に力を入れる真の重要性に気づいたのでしょう。

このユダヤの人々の勉強法が「ハブルータ学習法」といわれるものです。

簡単に内容を説明すれば、**教え合い、質問をして、議論をする勉強法**です。

「ラーニングピラミッド」が示すアウトプットの有効性

ハブルータ学習法の効果は、アメリカ国立訓練研究所が発表した「ラーニングピラミッド」という学習モデルを見るとよくわかります。

ラーニングピラミッドとは、左にある7つの学習方法について、どの学習法が定着率が高いかを分類して序列をつけたものです。もっとも効果がある学習法は「他人に教える」で、学習定着率が90%にも到達します。2番目が自分で「体験する」、3番目が「グループ討論」です。ハブルータ学習法はこの上位の3つに該当するもので、まさにアウトプット学習です。**学力向上にも「アウトプット学習」が有効**であることは明らかなのです。

反対に「講義」「読書」、動画映像などの「視聴覚」、社会見学のような「デモンストレーション」という受け身の学習は、定着率が低いことも示されています。

定着率を示す「ラーニングピラミッド」

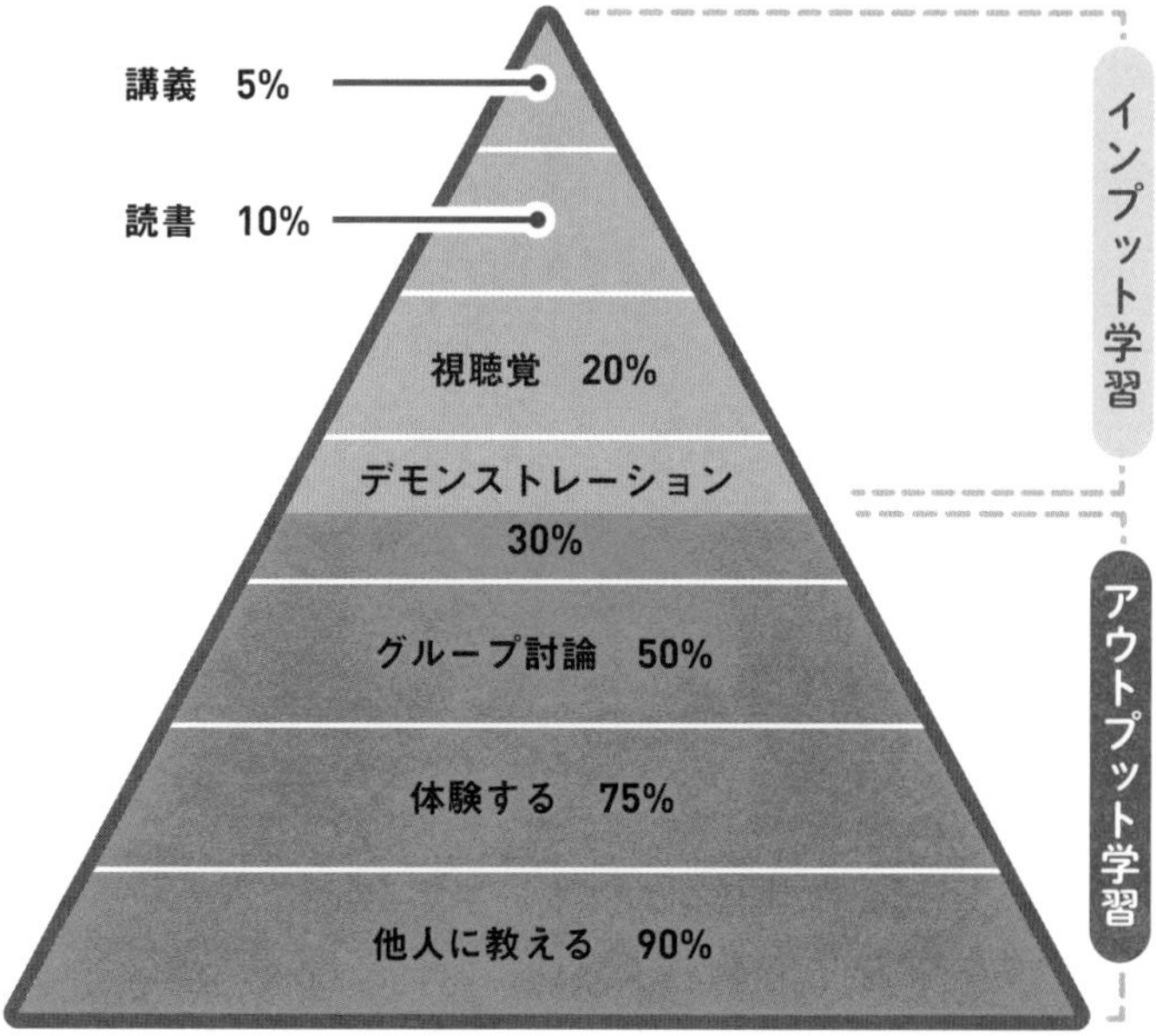

出典：アメリカ国立訓練研究所

『学習したことがどれくらい定着するかを表したもの。講義、読書、視聴覚といったインプットでは、定着率が低い。一方のグループ討論や自らの体験、他人に教えるといったアウトプットでは定着率が50%以上と、学習内容が知識として定着しやすい傾向にある。』

アウトプットの源は子どもの主体性

POINT

子どもが興味を持つことをテーマにする

主体性がないと続かず、定着もしない

好きなことに取り組めば地頭がよくなる

やらされるのでは身につかない

アウトプット学習の大切さをお伝えしましたが、家庭でアウトプット学習をするにはどうしたらよいのでしょう。

インプット学習が「(目で)読む」「聞く」であることに対して、**アウトプット学習は「話す」「書く(描く)」こと**になります。学校の宿題に出る音読も「話す」というアウトプット学習ですし、漢字ドリル、計算ドリルも「書く」というアウトプット学習というわけです。ですから、宿題は上手に取り組めばアウトプット学習の一環として、子どもの学力向上に役立てることができます。しかし、宿題を提出しないと怒られるからという理由で、仕方なく取り組むアウトプット学習では、残念ながら身につきません。

大切なポイントは、**〝主体性〟があるかどうか**です。

要は〝子ども本人がやりたくてやっているか〟がカギになるということです。

本人が好きなことで、あふれんばかりの探究心があると、得た情報を自分からだれかに話したり、書いたり(描いたり)、と自分なりの表現で情報を伝えようとするものです。こうしたプロセスが大切で、親が強制するのはよくありません。

子どもが好きなことを全力でやらせてあげよう

子どもが夢中になって自分でアウトプットをするようなテーマを、どうやって見つけさせたらいいのかわからない保護者の方も多いでしょう。

しかし、それこそ、子どもをいつもそばで見ている保護者の皆さんの出番です。まず、子どもが普段やっていることに目を向けてください。

戦国武将が好きで歴史マンガをよく読んでいる、星座が好きで望遠鏡をよくのぞいている、外に遊びに行っては虫とりをしたり花をよく観察したりしている……など、何でもよいのです。もちろん、ダンスや絵を描くことが好きなら、それ自体がすでにアウトプットです。

本人が好きか、ということを重要なモノサシにしてみてください。

習いごとも、子どもの興味を探る1つの手段です。子どもが「やってみたい」と興味を示したことは、ぜひやらせてあげてください。それで、好きなことが見つかればよいですし、やめて別のことをやりたがるなら、それもＯＫです。

熱中体験が子どもの地頭をよくする

好きなことをやっていると、脳の血流がアップします。そして、脳内では幸せを感じさせる神経伝達物質のドーパミンが大量に放出されます。すると、脳の神経と神経をつなぐシナプスが増加し、シナプス同士のつながりが増えることで、脳の処理能力は上がっていきます。

好きなことに熱中しているときに、地頭がよくなるのです。地頭がよくなれば、いわゆる勉強をするときにも、どんどん理解したり記憶したりできるようになります。

学校で習う勉強だけに限定せず、子どもが熱中することを一緒に見つけて、大人はできる限りのサポートをしてあげてください。

同時に保護者の皆さんにやってほしいのが、紹介と推薦です。

「今度プログラミングの体験イベントがあるよ。自分でゲームを作れるみたい。行ってみない？」とか、「児童館で田植え教室をやるんだって。行ってみようか？」というように、向いていそうなものを子どもに紹介してあげるとよいでしょう。

このようにして、子どもが何かに熱中できるようにしてあげてください。そして、それをアウトプットするように導けば、主体的なアウトプットが自然にできるようになっていきます。親の価値観を優先するのではなく、子どものやる気を優先してください。

アウトプットとは〝自分を知る〟こと

同じ本を読んでも、同じ映画を観ても、まったく同じ感想を書く人はいません。インプットするものは同じでも、アウトプットは100%オリジナルです。つまり、アウトプットは「個性」なのです。

インプットしたものをアウトプットするためには、自分にとって大事な情報とそうではない情報を切り分けるプロセスが必ずあります。これは、自分が何を学びたいか、何に興味があるか、何をしたいのか、そのために何が必要なのかを自ら選び取ることにもつながっています。

アウトプットとは自分を知ることでもあり、まさに人生を作っていくことでもあるといえるのです。子どもが将来にわたって豊かで幸せな人生を送れるよう、どんどんアウトプットさせてあげましょう。

アウトプット学習は「主体性」が大切

主体的に取り組む子

⇩

楽しい時間で知識が定着する

やらされている子

⇩

つまらない時間で知識が定着しにくい

『同じように声に出したり、書いたり（描いたり）する学習でも、子どもがやる気を持って主体的に取り組んでいるかどうかが肝心。主体性があれば、知識は定着し、さらなる知識の取得にもつながって学習効果が飛躍的にアップ。しかも、本人は楽しくやっているだけで、学習時間が苦にならない。』

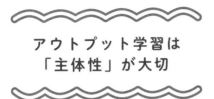

日本の教育は「インプット」中心

POINT

学校の授業は「聞く」「読む」が中心

海外ではアウトプット学習がスタンダード

2020年度から「アクティブラーニング」を導入

日本の学校教育は「インプット学習」が基本

日本の小学校の教室では、子どもたち全員が先生と黒板を見るように前を向き、机の上には同じ教科書の同じページが開かれているのが普通です。つまり、日本の学校で行われているのは、集団による一斉授業なのです。小学校から大学まで続く、日本の多くの学習法の基本設計といってよいでしょう。

もし、子どもたちに「勉強ってどういうもの?」とたずねたら、「先生が授業で話したことや、教科書に書かれている内容を覚えること」というような答えが返ってくるかもしれません。このように〝読んで〟〝聞いて〟、情報を頭に入れていく学習法が「インプット学習」です。

海外諸国の「アウトプット学習」

かたや、海外の学習法に目を向けてみましょう。

たとえば、フィンランドは1学級が20人ほどで、複数担任制を基本にしています。先生1人がみる子どもは10人ほどと少なく、さらに主要科目にはアシスタントティーチャーも加わるので、子どもの理解度に合わせた、きめ細やかな対応ができる土台が整っているといえます。もちろん教科書はありますが、日本のものとは比較にならないほど薄いものです。その代わりに、個人や数人のグループで課題を設定して情報を取得し、そうした知見をまとめて発表するなどの、主体的な学習を中心に授業が展開されます。

時代の変化に合わせて、自ら発信する能力が重要視されるようになっているため、先進国のほとんどは、主体的な学習法に舵《かじ》を切っています。このように主体的に課題を設定し、情報を集めて議論したり、それらをまとめて発表したりする学習法が「**アウトプット学習**」です。

インプットとアウトプット、どちらの学習法にもメリットはありますが、日本でアウトプット学習が教育の中心にならない理由の1つは、児童・生徒の数に対して教員数が少ないことが挙げられます。先生たちは授業以外にもやることが多すぎて長時間労働を強いられています。さらに報酬が十分でないこともあり、教員のなり手不足が続いているのです。人手が足りなければ、指導に時間や労力が必要なアウトプット学習を普及させるのは難しいのです。

義務教育にも「アクティブラーニング」が導入

しかし日本でも、ようやく教育が変わる兆しが見え始めています。**先生が一方的に話し、子どもたちが聞くだけの受動的な学びではなく、子どもが自ら学ぼうとするアクティブ（＝能動的）な学び方を大切にしようとしている**のです。

中央教育審議会が発表した新しい学習指導要領にて、２０２０年度より「アクティブラーニング」と呼ばれる、アウトプット中心の学習法が導入されています。小中学生の主体的な学習が始まるのは、うれしいことです。

しかし、教員の人数が少ないことと、学ぶ内容が多すぎることは変わっていません。そのような状態で、子どもの学ぶ意欲に寄り添ったきめ細やかな指導を行うのは簡単ではありません。学校も教員も一丸となって子どもたちの学びをサポートするには、今のところ不足が多いといえます。

不安要素を並べてしまいましたが、アクティブな学びについて私は全力で応援したいと思っています。そして、**アウトプット学習が子どもの力を伸ばす**ことを保護者の皆さんにも知ってもらい、応援してほしいと願っています。

「意見を言う」のは大人だって苦手？

POINT

- 手を挙げないのは大人も同じ
- 大人は「習い病」にかかっている
- 謙虚さと自分の意見を述べないことは別物

大人が示さないと子どもは実行できない

授業参観に参加し、手を挙げて意見を言わない子どもの姿を見て、不安になる保護者の方の話をよく聞きます。授業を理解しているのか、不安になる気持ちもわかります。しかし、下校した子どもに向かって、「どうして、手を挙げないの？　積極性がないんじゃない」なんて叱ってはいけませんよ。

そう言う保護者の皆さんは、子どもが見ている前で積極的に手を挙げたり、自分の意見を伝えたりしていますか？　子どもが見ている、見ていないにかかわらず、自信を持って「YES」と答えられる人は多くないと思います。

自分のことを棚に上げて、子どもには「手を挙げなさい」と言っても、子どもには伝わらないものです。

人格を否定するようなレッテル貼りはしない

手を挙げない子どもを、積極性がないとかやる気がないなどと決めつけるのはやめたほうがいいです。なぜなら、それは子どもによくないレッテルを貼ってしまうことだからです。たとえ手を挙げなくても、子どもなりに考えて答えを探し出そうとしていたかもしれません。

それなのに、「○○ちゃんが発表しないから、がっかりしちゃった。そんなにやる気がないようじゃだめだよ」と、子どもに対して落胆や否定の言葉を投げかけるのはよくありませんね。

子どもの脳はとても素直で、伝えられた言葉をそのまま受け取ってインプットしてしまいます。その結果、子ども心に「自分には、やる気や積極性がない」と刷り込まれ、そのとおりの人生を歩んでしまうことだってあります。だから、まわりの大人の言葉かけの仕方は重要なのです。

授業参観は親が子どもの授業内容を知るよい機会なので、自宅では「今日は、○○ちゃんがあんなすごい勉強をしていることを知って驚いたよ。先生が質問していた○○については、どう思った?」など、子どもが自分の考えを話しやすいように聞いてみてはどうでしょうか?

ちなみに「なぜ?」「どうして?」を使うときは、「○○ちゃんは、どうしてそんなにがんばれるの?」のように、後ろにポジティブなワードをつけましょう。そのほうが子どもも前向きになります。

アウトプットに慣れていないのは大人も同じ

大人が手を挙げて自分の意見を言えない背景には、幼少時代に受けた教育が影響しています。**大人が受けてきたのも、日本の学校の基本的な学習方法である「インプット学習」だからです。**先生が行う授業を聞いて、本を読んで、理解して覚える。ここまではくり返し経験しているので得意ですが、そこから自分なりの問題意識や答えを見つけて表現するアウトプットに慣れていません。**受け身の「習い病」になっていて、それでも社会に出てから困ることなく、なんとなく生きてこられたことが背景にある**ようです。

自分の意見を述べることは、〝謙虚さは美徳〟という、日本人ならではの道徳観に反するところもあるので、抵抗を感じる人も多いのでしょう。でも、相手とけんかをするわけではないですし、**意見を出し合ってよりよい答えを探すために、大人も積極的に手を挙げて発言していきたい**ですね。大人が見本を見せることで、子どもも手を挙げやすくなります。

国際社会では「アウトプット」が重要！

POINT

- 新しいビジネスを生みにくい日本人の保守性
- 国際社会で求められるのは“発言力”
- 幼少期からアウトプットに慣れることが大切

日本が停滞する間にアメリカ・中国が成長

「経済大国ニッポン」というのは、遠い昔の話になります。失われた30年などと表現されるように、バブル経済が崩壊した1990年代初頭以降、日本では30年以上も不景気が続いています。

ところが、日本が不景気の間、アメリカではGAFA（Google・Apple・Facebook・Amazon）に代表される大企業が誕生して成長を遂げ、世界を席巻しました。中国は市場経済を優先させた経済成長政策を基本とし、積極的な外資や華僑資本の活用によって、世界2位の経済大国になりました。

全世界をマーケットにこれまで人がやってこなかったビジネスを次々と生むのはアクティブなアメリカ人ならではですし、中国では人口の多さを武器に見事に経済を発展させています。

しかし残念ながら、現在の日本はどちらの力も弱いと言わざるをえません。

日本人の保守性が経済の成長を妨げる

日本が国際競争で負け組になっているのは、〝日本人の集団主義や保守性〟が関係しているからだと感じます。日本人は何千年も前から稲作を中心に生活を営んできました。水を引いたり、収穫して乾かしたりという作業は、みんなで協力して足並みをそろえることが欠かせません。こうした集団主義を重んじる精神が、日本人の心には染みついているわけです。そして同時に、自然災害の多い環境下で、育てた稲が災害によってだめになってしまわないかと日々不安を感じ、慎重になる側面も身につけてきました。

実際、ポジティブさに関わる「セロトニントランスポーター遺伝子」のうち、日本人はセロトニンを〝幸せホルモン〟として使えない「不安遺伝子型」を持つ割合が飛び抜けて多いことが知られています。これはよい／悪いの指標ではなく、日本人の気質として確かに存在しているものです。

こうした歴史的・遺伝的な背景もあって、**日本人は自分一人で革新的なビジネスを起こそうというタイプが少ない**のでしょう。

さらに、同じ理由でお金を大胆に使うのも苦手です。これによって、お金が回らず内需も拡大しにくい状況になってしまったのです。

アウトプットが活躍できる人材を作る

今後、日本が生き残っていくには、世界というマーケットをターゲットにしなくてはいけません。そのために必要なのは、**世界での発言権を得ること**です。

どれだけすばらしいビジョンやアイデアがあったとしても、それを発信しない限り、実現の道は開かれません。特に国際的な場では、「発言をしない人＝意見がない人」だと思われてしまいます。日本の会社であっても意見を言わなければ、仕事への意識が低いとみなされることが考えられます。これは大問題です。

何を言いたいかといえば、**子どものうちから自分の意見を述べるなどのアウトプットの機会を増やして場数を踏むことで、大人になっても活躍できるスキルが磨かれる**ということにつながります。アウトプットには、さまざまなメリットがあります。次のページから、そのいくつかを紹介します。

今からでも遅くありません。「習うより、慣れよ」の精神で進みましょう。

アウトプットのメリット 1

学習が楽しくなって知識がどんどん増える

役に立ったり、おもしろかったりする情報を見聞きすれば、だれかに伝えたくなるのは大人でも子どもでも同じです。

たとえば、もしあなたの家の近所に本国バンコクで人気のタイ料理店がオープンして、エスニック料理が好きなママ友に伝えたいと思ったとしましょう。今は便利なものので、そのお店のウェブサイトのリンクをメッセージアプリで送れば済む話かもしれません。

でも、場所やおすすめメニュー、価格などのお店の情報を、自分なりの言葉で相手に伝えようとすると、意外と難しいものです。実際にまだそのお店で食事をしたわけでもないので、おいしいかどうかもわかりません。子ども連れで楽しめるかもわかりません。なんとなく誘おうとしても、くわしい内容を理解していないため伝えるのをためらい、そのうち忘れてしまうこともあるでしょう。

自分が知った情報がインプットですが、インプットはあくまでも知ったつもり、わかったつもりというところで止まってしまいます。理解しているわけではありません。**インプットした情報を記憶として定着させるには、アウトプットというプロセスがとても重要**な意味を持つのです。

インプットされた情報は、脳のほぼ中央にある海馬という部位に一時的に保存されています。

海馬に保存されているのはだいたい2〜4週間といわれていて、この間に**アウトプットして使われることで脳は取り出した情報を重要だと判断し、長期記憶を司《つかさど》る側頭葉に移動させる**のです。

反対に、海馬に入ってもアウトプットされない情報は重要ではないと判断されて、忘れ去られることになります。

「今日は暑いから、辛いものが食べたいな」と思ったとき、「新しくできたタイ料理店のランチを食べに行ってみよう！」と行動に移すこともアウトプットの1つです。

そのお店で食べたトムヤムクンがコスパがよく絶品で、子ども向けのメニューも用意されていることを知ったのなら、今度こそ自信を持って自分のオリジナルな言葉や表現でアウトプットして、ママ友をお誘いできますね。

そして、また食べに行きたいお店として自分の記憶にも残るわけです。


子どもの学びも同じメカニズムです。

学校で「昆虫の脚は6本あります」と習うだけで、アウトプットする機会がなければ忘れてしまうものです。

しかし、休日に親子で一緒に虫とりに出かけて、バッタとトンボの脚が6本あるのを実際に見て、手で触れ、絵に描いて残せば、確かに昆虫の脚が6本あったと自動的に子どもの記憶に残っていきます。

そうすれば、別の日にダンゴムシを見たときには、「脚がたくさんあるから昆虫ではない」と、発展的な知識まで手に入れるかもしれません。

さらに、「ダンゴムシは昆虫か？」というようなクイズを作って、友だちに出したりすれば最高です。

こうしたアウトプットの連鎖で、**知識はますます定着して、さらに枝葉を伸ばし、知的好奇心も高まります。**

子どもが楽しんでいるうちに記憶が定着するのは、アウトプットの魅力です。しかも、次回バッタを見つけたときには、お父さんやお母さんと虫とりに行って楽しかった記憶も、同時に思い出すことでしょう。

自然に触れたり、ホンモノを体験したりすると感動が生まれ、記憶の定着もさらに強いものになる。

アウトプットのメリット 2

自分で考え、学べるようになる

子どもでも大人でも知識を増やしていくためには、「調べる」というインプットが必要です。

とはいえ、まったく興味もなく知りもしないことについては、積極的に調べようとは思わないでしょう。そこには、何らかのモチベーションが必要です。

たとえば、〝推し〟の俳優が舞台でダンテという人物を演じるとなれば「ダンテって何をした人？　どこの国の人？」「ダンテが書いた『神曲』ってどんな話？」「『神曲』の本を買って読んでみよう」と興味がわいて、いろいろ調べたり学んだりするようになるかもしれません。

つまり、〝推し〟の俳優の舞台を観たいというモチベーションがきっかけになって、こうした積極的な学びが可能になるのです。

同じように、子どもの勉強でもこうしたモチベーションが大事です。特に、**アウトプットをすることで、インプットへのモチベーションがさらに高まっていく**ことはよくあることです。

1つの例を挙げます。ある人が子どもに鉱物の本をプレゼントしました。子どもはその本を読んで、自分が以前から好きだったエメラルドグリーンという色はもともと「エメラルド」という宝石の色であることを知りました。さらに読み進めると、エメラルドは「ベリル」という鉱物の一種であることも知りました。

このようにして、この子は宝石には多くの種類があることを知り、とてもおもしろいと感じました。そして、美しい宝石をたくさん紹介する宝石カードを作ろうと思い立ちました。

カードサイズに切った画用紙に宝石の絵を描き、説明文も加えたものです。そして、親にもらった本以外にもインターネットや図書館で調べるなどして、数多くの宝石カードを作ったのです。

つまり、この子は宝石カードを作りたいというアウトプットがモチベーションとなって、**積極的で深みのあるインプットをすることができた**ということになります。ちなみに、宝石カードの作成中に子どもが興味を持った宝石をほしがって、保護者の方は困ったそうです（笑）。

以上の例でわかるように、アウトプットはインプットのための強烈なモチベーションになるのです。ですから、子どもが好きなことや興味があることに対してインプットの応援をすると同時に、ぜひ、**何らかのアウトプットの方法も提案してあげてほしい**と思います。

先の例のようなカード作りのほかに、**マンガで表現する、カルタを作る、絵本を作る、模型を作る、動画を作る、写真や絵をファイルや模造紙にまとめる**といったアウトプットも楽しいと思います。

〝推し活〟のように聖地巡礼を楽しんだり、アクリルスタンドのようなオリジナルのグッズを作ったりするのもよいでしょう。

ただし、親の思いを優先しないようにしましょう。子ども自身が心から楽しめるアウトプットであることが大切です。

その効果を期待して親が無理やりアウトプットをさせようとすると、結局「やらされている感」が強くなります。そうすると、せっかく子どもが興味を持ったものでも、アウトプットもインプットもうまくいかなくなってしまうのです。

子どもが好きで興味がある分野のインプットから始めて、どんどん世界を広げてあげよう。すると、そのうち自分で学ぶようになっていく。

アウトプットの
メリット
3

あきらめず根気よく考えるようになる

「さとみちゃんはアメを8個持っています。よしおくんはアメを7個持っています。そこに、よしおくんの弟が遊びに来たので3人で分けることにしました。1人で何個のアメを食べられますか？」という文章問題があったとします。

計算問題はスムーズにこなすのに、文章問題になると、途端に問題文を読むことすらせずにあきらめてしまう子がいます。本人に聞くと、「どうせ読んでもわからないから、やらない」というのです。

これまでに文章問題を解いてわからなかった→自分にはできない→やらないという自動思考が生まれてしまったようです。

これは大人でも同じで、失敗したことで苦手意識を持ち、「これは自分にはできない」と限界を作ってしまうこともあるでしょう。

でも、人生に失敗なんてありません。うまくいかなかったという貴重な経験を積んだだけです。

しかし、文章問題にやる気を出せない姿を見て、「○○ちゃんは、文章問題が苦手だね」などと声をかければ、文章問題が苦手だという子どもの思い込みはより強くなります。これは「共感」ではありません。

あきらめたような態度を示しても、**子どもはできるようになりたい、伸びたいという思いを必ず持っています。**そして、**できるようになったらうれしい**ものです。できない、苦手だと思っている物事に対してこそ、できたときの喜びは大きいです。子どもの真の思いに「共感」し、〝できた！〟という体験を一緒に味わいましょう。

こんなときこそ、アウトプット学習のよさを発揮できます。

文章を目で追うだけでは頭に入りづらいので、問題文を声に出して読むことが最初のアウトプットです。

加えて、「この子たちは今、どこにいるんだろうね？」というように、問題文には書かれていない状況を想像させてあげるのもよいでしょう。公園なのか、よしおくんの家なのか、はたまた富士山の上だってＯＫです。

想像は膨らませれば膨らませるほど、楽しいものです。

場所が決まったら、その場所にいる登場人物の絵を描いてもらって、持っている個数分のアメの絵も描きます。このとき、不要な小さな紙か何かを丸めてアメ玉に見立ててもよいですね。ちなみに、登場人物をその子の名前と友だちの名前にしてあげると、現実味も増して理解しやすくなります。

このように、**問題文というインプットを、できるだけ身近で、かつ自分がまさに体験しているような感覚に近づけてアウトプットする**と、子どもはその状況を理解できるようになります。まったく現実感のない、宇宙人同士のやりとりにしても楽しいかもしれません。

あとは、たし算と割り算の知識が必要になりますが、計算ができる子であれば、式さえ立てられればお手のものでしょう。

やろうと思うきっかけ＋親からの応援があると、苦手だと思っているものにも取り組むことができます。

こうしたきっかけ作りに、アウトプットを積極的に活用しましょう。

そして、小さな成功体験を積み重ねているうちに、ある日突然、問題文を子ども自身が読み解いていくようになるものです。

苦手だと思うことも、ちょっとしたきっかけでやってみようと思えることがある。そのきっかけ作りに、アウトプット学習が役立つ。

アウトプットの
メリット
4

小論文や面接の力も伸びる

保護者の皆さんが子どもだった頃は、国語の授業というと物語文や説明文などを読んで理解する、読解の授業が多かったと思います。もちろん今も読解力を養うための授業はありますが、それだけでなく、**文章を書かせることに重きを置く授業時間が増えています。**

これは、国語だけに限りません。

道徳では、さまざまなエピソードから、登場人物の気持ちを想像して心の声をセリフにしたり、問題を解決するために自分ならどうするかという意見や方法論を書かせたりと、子ども本人の言葉で文章を書かせる授業が増えています。

生活科や社会の授業でも、学習したことから、それが自分の生活とどう関わっているかについて考え、自分の言葉でまとめることがあります。**子どものうちから「作文力」をつけることが求められている**わけですね。

こうした背景には、普段の生活やビジネスにおいてもメールやSNSが使われる場面が増え、文字によるコミュニケーションが生活の中心になっていることがあります。そのため、**文章表現力を鍛える作文の授業が重視されている**のです。まさに、子どものアウトプット力が試されているともいえます。

作文は簡単に点数がつけられるものではないので、親としては子どもの成績がわからずヤキモキすると思いますが、作文力がつけばすべての教科の学力が上がります。**書くことは〝考える〟ことであり、作文は〝思考力〟そのもの**だからです。

ですから、このような場面で的確に文章を書けるように練習すれば、学力の大きな伸びを期待できるのです。もちろん、大学受験で必要な小論文を書く基礎力も養われます。

さらに、**作文で相手に伝わる文章構成力をつけ、語彙《ごい》が増えていけば、入試の面接などでも自分の思いを的確に表現できるように**なります。

また、書くことで自分の言動を振り返ったり、他の人の言動の意味を考えて思いやったりする心の成長にもつながります。

とはいえ、漢字や計算は得意でも作文は苦手という子は少なくありません。キラリと光る表現力を磨くことは大切ですが、何よりもまずは**「書くことが好き!」になるのが、作文力アップの近道**です。

そこで、学校だけでなく、家庭でも書く機会を増やしていきましょう。書く経験が少ないと、「作文を書きましょう」と言われたときにハードルが高く感じますが、日常的に行っていれば、長い文章を書くことへの抵抗もなくなります。

やり方はいろいろですが、親子で手紙のやりとりをするのがおすすめです。手紙だと時間が取られて続けられなそうなら、付箋《ふせん》にメモ書きをして渡すのもよいでしょう。

たとえば、お父さんがゴルフで朝早く出かけるとき、「ゴルフコンペに行って、10

番以内になるぞ！　〇〇くんも、サッカーの試合がんばれ」と付箋に書き、子どもの机に貼っておくのです。

お弁当にメモを入れたり、宿題の感想を書いて貼ったりするのもよいですね。まずは、**親が書いて気持ちを伝える見本を示してあげましょう。**

親が書く機会を増やせば、子どもも書くことが自然になります。それによって書く楽しさを知れば、**表現力は次第にアップしていくもの**です。

子どものうちに書く土台を固めておくと、将来必要になる小論文や面接でも力を発揮できるようになります。

文字は大切なコミュニケーションツール。「作文」だと身がまえず、まずは親子で手紙やメモのやりとりをしながら、書くことの楽しさを知ってもらおう。

アウトプットの
メリット
5

発表への苦手意識がなくなって自信がつく

家族や友だちとは楽しくおしゃべりできるのに、大勢の前でいざ発表となると緊張してしどろもどろになる経験は、大人にもあることでしょう。特に子どものうちは考えがまとまるまでに時間がかかることも多いですし、言いたいことがあっても表現力が追いつかないこともあります。

それで、授業で発表が上手にできないことを、残念に思っている子どももたくさんいます。

大人が、そうした子どもの気持ちに寄り添ってあげることが大切なのです。もちろん無理強いは禁物ですが、できれば少しずつでも苦手意識を取り除いてあげられるとよいですね。

発表というアウトプットは、大人になっても「プレゼンテーション」という形で特にビジネスの場で重視されます。プレゼンテーションとは事前に用意した発表用の資料を使って説明する方法であり、語源は「present（プレゼント）」に由来するといわれています。**聞き手に自分の提案をプレゼントする**という意味が込められているそうです。

だから、**自分の気持ちや考えていることを話すのは恥ずかしいことではなく、聞いている人にプレゼントすること**だと教えてあげましょう。子どもに話してもどうせわからないと決めつけず、大人のほうこそ自分の考えていることを、積極的に子どもに話してあげてください。

たとえば、「うまく話せないこともあるけど、それでも自分の考えを発表すると、すっきりしたいい気持ちになるよ」と伝えてあげましょう。

さて、子どもが学校での発表を控えている場面では、どのようなサポートができるでしょうか。**自信を持って発表するには、話す内容が明確になっていることが大切**ですね。これには、準備がモノをいいます。

たとえば、社会科見学でスーパーマーケットに行ったことをもとに、その発表をするとしましょう。スーパーマーケットにはたくさんの商品が並んでいたり、バックヤードにいろいろな設備があったりします。そのため、子どもは見たことをあれこれ伝えようとして、余計に頭の中が混乱することがあります。そのままでは何を話していいのかわからないのは当然ですね。

また、ここで「〇〇ちゃんが、心に一番残ったことは何?」と答えを急ぎがちですが、まずは、あれもこれもを一度書き出してみるところから始めましょう。スーパーマーケットで見たものを、思い出せるだけ思い出してもらって紙に書き出します。このちょっとしたアウトプットによって、頭の中がかなり整理されます。

野菜やフルーツを食べやすいサイズに切っていたこと、肉を薄く切る機械があったこと、商品を運ぶ大きなトラックがたくさん停《と》まっていたこと、巨大な冷凍庫の中が寒かったことなど、とにかく書き出してもらいます。

その中から、特に興味があることが見つかったら、それのどんなことを伝えたいのかを聞いてみてあげてください。それを発表テーマとして、親子で内容を掘り下げていきましょう。

興味があることなら、子どものアウトプットの意欲も高まります。

発表する内容の準備ができたなら、あとは「大丈夫！」といって、笑顔で送り出してあげてください。

事前に発表することがわかっている場合は、何をテーマに話すかを明確にしておくこと。こうした準備があると、緊張が自信に変わる。

アウトプットのメリット6

自分の意見を伝えようとする意識が育つ

学校には、いろいろな子どもが集まっているので、元気すぎるような子もいれば、おとなしい子もいます。ただ、学級という集団の中では、どうしても前者のほうが目立つので、先生からの注意を受けがちだったりもします。

そして、おとなしい子はクラスに迷惑をかけない〝よい子〟と思われる風潮もあります。ただ、おとなしいのと自分の意見を伝えない（伝えられない）のは、別問題であることを保護者の皆さんにも気づいてもらえればと思います。

親が自分の子どもにどのように育ってほしいかについてアンケートをとった結果をみると、「家族や友だちを大切にできる子」というような回答が上位に来ます。これは、日本だけでなく世界中どの国でも同様です。

加えて海外では「個性や自分の能力を発揮して幸せになってほしい」「人がやらないことに挑戦してほしい」というような回答が上位に来ます。

しかし、日本でこうした回答をする親は少数で、「人に迷惑をかけない子」という回答がかなり高い割合であるのが特徴です。

実際、子どもに何かを注意するとき、「先生や友だちに迷惑をかけちゃダメよ」と言う保護者の方もいるのではないかと思います。日本の子どもたちはそのような環境の中で育つので、どうしても余計なことをしゃべらずに静かにしているほうが安全だという意識になってしまうのです。

でも、これからは家庭でも学校でも子どもが目を輝かせながら自分が学んだおもしろいことを話したり、「あれをしたい、これをしたい！」と思いをぶつけ合ったりできるようにしていきたいものです。

そのためにもアウトプットの機会を増やす必要があります。

学校ではおとなしく意見を述べにくい子であれば、なおさら家庭ではたくさん話をさせてあげたいですね。

自分の話を聞いてもらえることは、子どもにとって、自分の存在を認めてもらえているという安心感にもつながるものです。論理的に話す能力などは、後からついてくるものです。まずは、**いつでも子どもが自由に話しやすい環境を作ってあげる**ようにしましょう。

子どもが学校から帰ってきたら、今日は学校でどんなことがあったのか、どんな勉強をしたのかをぜひ聞いてあげてください。食べるのが好きな子なら、給食がおいしかったかどうかを聞くだけでもＯＫです。その子の興味が向きやすいことをたずねてみましょう。

また、子どもの話に対して「〇〇だからだめなんだよ」「〇〇しなきゃだめ」といったダメ出しは絶対にしないようにしましょう。とにかく大事なのは、共感してあげることです。そうすれば、子どもはもっと話したいと思うようになります。

大切なポイントは、子どもが話しかけてくるときは、**子どものほうを向いて話を聞いてあげること**です。

家事で忙しくても「後にして！」と突っぱねず、まずは聞く姿勢を見せることが大切です。

「そうなんだね。すごいね。残りのお話も聞きたいんだけれど、今は夕飯の支度もあるから、食事が終わったら続きをゆっくり聞くね」と対応して、約束を守ってあげましょう。

そうすると、子どもも自分の話をするときと、待つべきときが理解できるようになります。

子どもが自分の気持ちや意見を話しやすく、聞いてほしい相手はおうちの人。きちんと受け止めてあげることで、学校でも意見を述べやすくなる。

アウトプットの

メリット

7

将来のビジネススキルが磨かれる

子どもが成長して、将来どんな仕事に就くとしても、アウトプット力は必要になります。

むしろ、アウトプットでしか評価されない世界もあります。研究者やクリエイティブな職業であれば、オリジナリティのあるアウトプットがなければ評価されないのは当然のことでしょう。

また、それ以外の多くのビジネスパーソンであっても、今後ますますアウトプットが求められるようになるでしょう。

商談をまとめるためのコミュニケーション力、企画を通すプレゼンテーション力、

そのための資料作りにもアウトプット力が要求されます。

どんなにたくさんの本を読んでインプットしたところで、そこに書かれた知識を活用して実践したり、資料にまとめて同僚や社外の人に示したりといったアウトプットをしない限り、評価には結びつきません。厳しい言い方をすれば、認めてもらえないのです。

とはいえ、これまでやっていないことを、「仕事だからやれ」と言われてもできないのは当たり前です。だから、**子どものうちからアウトプット力を鍛えておくことが大切**なのです。

子どもたちが一番取り組みやすいアウトプットとして、私は「**熱中ノート**」をおすすめしたいと思います。スポーツ、習い事、趣味など、自分が熱中していることについてノートにアウトプットすることで深めていくのです。たとえばピアノに熱中している子なら、その日の練習の反省や気づいたこと、自分で考えた工夫、先生に言われたこと、これからの目標、コンクールへの決意、ピアノの歴史、有名なピアニストのことなどを書きます。

書くことで思考が深まったり、わからないことを調べたくなったりします。また、**目標が明確になってモチベーションがアップ**することもあります。実際、元フィギュアスケート選手の羽生結弦《はにゅうゆづる》さんや将棋棋士の藤井聡太《ふじいそうた》さんもこうしたノートをつけていたそうです。

羽生結弦さんは、自分のノートに「発明ノート」という名前をつけて、毎日の練習で気がついたこと、考えたこと、コーチに言われたこと、そのときどきの気持ちや決意などを書いていました。14歳のときにはジャンプの注意点として、「上体と肩を動かさない、左足を曲げる」と書いています。

私の教え子のお父さんで、一流ホテルのシェフをしている人がいます。彼は子どもの頃から料理が好きで、日頃からよく料理を作っていました。

当時から自分の考えたレシピや雑誌に載っていたレシピ、実際に料理を作ってみた感想、反省点などをノートに書いていたそうです。

もちろんこうした人たちのように、どの子どもも将来その分野のプロになるとは限りません。

　でも、ここで培われたアウトプット力は、将来どんな仕事やビジネスに取り組むにしても必ず大きな力になるはずです。加えて、アウトプット力をつけることで、将来の選択肢が広がることもあります。

アウトプット力は子ども時代の学力の定着だけでなく、将来のビジネススキルにも直結する大事な能力。楽しく伸ばしていってほしい。

コラム 1 これもアウトプット

小さな成功でやる気をアップ

アウトプット学習というと、感想文を書いたり、発表のために資料を集めてまとめたりと、時間がかかるものを想像するかもしれません。

でも、子どもがアウトプットできる時間を毎日少しでも設ければ、その積み重ねで子どもの学力が底上げされます。

一例ですが、「毎日100点テスト」がおすすめです。漢字ドリルから、毎日1文字だけテストをします。ちなみに、出題する漢字はあらかじめ子どもに教え、少し時間をおいてからテストします。

出される漢字がわかっているのだから、きっと正解することでしょう。合っていたら、大きな花丸と「100点」を書いてあげて、それを毎日くり返します。1日1問でも、継続すればたくさんの漢字を覚えられます。子どもは、毎日花丸をもらえることで自信をつけ、やる気を出せるものですよ。

PART 2

家族で「話して」伸ばす

人に教えたり、人と話したりした情報は、知識として定着しやすくなります。まずは、学校であったことなどを、家族でどんどん話してみましょう。子どもに「話すのが楽しい」と感じさせるのが大切です。

「あったことを話す」だけでアウトプット

POINT

おしゃべりは日常でできるアウトプット

心が満たされると宿題に取り組みやすい

親が子どもだったときの話をしてあげよう

まずはアウトプットで子どもの心を満たそう

帰宅後、宿題になかなか取りかからない子どもへの対応に困っている保護者の皆さんの声をよく聞きます。

学校で5〜6時間の授業を受けて下校した子どもにとって、帰宅したとたんに「宿題をやりなさい」と言われたところで、やる気になれないこともあるでしょう。本来、勉強は楽しいものですが、学校でもたくさん勉強をしている子どもにとっては、「家でまで勉強したくない」というのが本音だと思います。子どもが家でゴロゴロしていると目くじらを立てる保護者の方もいますが、家でリラックスできるのはよいことではありませんか！

子ども自身もどこかで気持ちを切り替えて宿題をやらなきゃと思っているところに、「何で宿題をやらないの？」「早くやりなさい」と言われると、かえってやる気が失われてしまうものです。本人が宿題モードに入るまでは、**体をゆっくり休めながら、その日にあった学校の出来事などを親子でおしゃべりする**ほうが子どもの心が満たされます。

そのほうが気持ちを切り替えて、宿題をやる態勢が整いやすいかもしれません。

おしゃべりでは子どもの学力が向上しない、と心配する必要はありません。子どもが学校であったことを話すことは、立派なアウトプット学習です。**今日は何をして何を感じたのか、おもしろかったのか、嫌だったのかなどを、ほかの人にわかるように組み立てて話をすることは**、アウトプットのよい練習になります。

答えやすい質問でアウトプットを促す

子どもから話しかけてくるときは、家事や仕事の手をいったん止めて、子どもが話すことに耳を傾けてあげてください。自分からは学校や友だちのことをあまり話さない子には、大人から質問を投げかけてあげましょう。

ただ「今日は何かあった？　どうだった？」というぼんやりとした質問だと、実は子どもは答えにくいものです。1時間目は国語で、2時間目は体育で、給食も食べたし、掃除もしたし、学級活動もあったし……と、かえって答えに詰まってしまう子もいるのです。

それよりも「今日は体育の授業があったよね？　何をやったの？」とか、「今日の

質問の仕方で子どものアウトプットが変わる

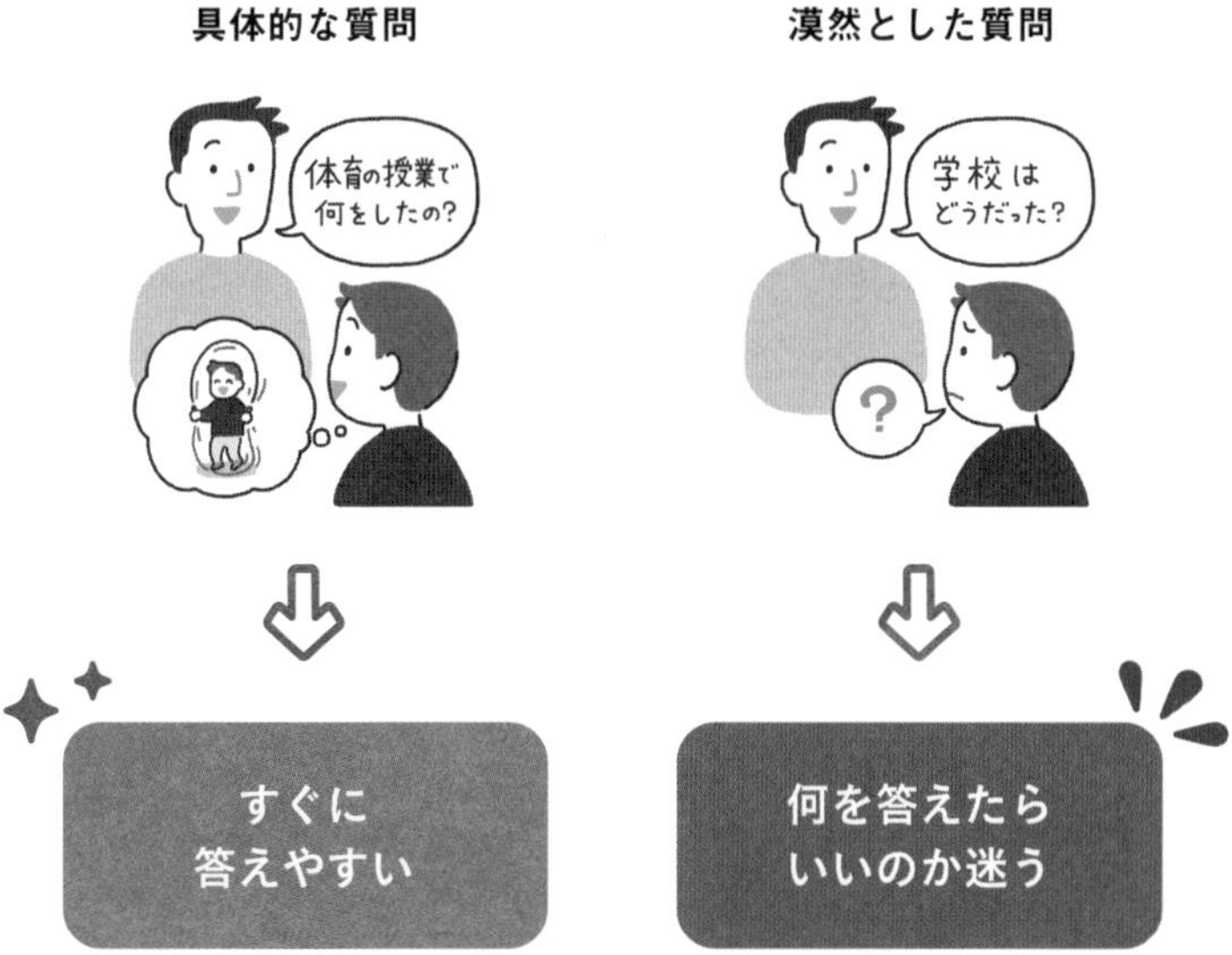

子どもに何かを質問しても要領を得ない答えになるときは、質問を具体的にするのがおすすめ。「学校はどうだった？」と質問しても「普通」というような回答しか得られないことが多いが、「〇〇の授業では何をやったの？」という質問なら子どもは回答しやすく、その後の会話も弾みやすい。

書道では、何ていう文字を書いたの？」というように、子どもがすぐに答えやすい質問をして、そこから話を広げていくほうがよいでしょう。

昆虫に興味がある子になら、「今日は学校の行き帰りで、何か虫を見た？」という質問でもかまいません。どんなきっかけでもいいので、子どもが気分よく話せる内容の質問をしてみましょう。

こうしたやりとりを通じてアウトプット力が鍛えられますし、子どもの様子を知ることができれば、保護者の皆さんも安心なのではないでしょうか。

親が子どもだったときの話をすると喜ぶ

子どもに話をさせてアウトプット力を伸ばすには、親が見本を示すことも大切です。親子の会話で、**子どもが喜ぶのは大人の失敗談**です。私も、自分が子どもの頃の失敗談を子どもたちにたくさん話してきました。

運動が苦手で、運動会でビリになった話。音楽も苦手で、放課後になってもリコーダーの居残り練習をさせられた話。勉強も苦手だった話、ウソをついた話、そろばんの試験に落ちた話、給食のマーマレードが食べられなかった話、先生に叱られた話など、あらゆる話をしました。

なかでも一番受けたのは、友だちとかくれんぼをしていて肥《こえ》だめに落ちた話です。こうした失敗談を聞くと、**子どもは大人に対して人間的な共感を覚える**ようです。

また、ときには、がんばった話もしました。私は水泳が苦手で、小学生の頃はまったく泳げませんでした。何とか泳げるようになりたいという思いで、中学1年生の夏休みに、同じく泳げない友だちと一緒に学校のプールに通いました。まずは顔を水につけなくてもよく、息継ぎも必要ない犬かきならできそうだと話し合って、一生懸命に練習しました。手のかき方や足の動かし方などを試行錯誤するうちにかなりの距離を泳げるようになり、自信がついて、クロールや平泳ぎ、背泳ぎもできるようになりました。

このようにおうちの人もさまざまな失敗を経験しながらがんばってきたことを知ると、できないことがあるのはおうちの人も一緒だったんだと、子どもも安心するのでしょう。同時に、「自分もがんばろう」とやる気に火がつきやすくなります。

こうした**親子の楽しい会話のキャッチボールが、子どものアウトプット力を自然に伸ばしていくもの**です。

「人に教える」のが
ナンバー1の学習法

POINT

「人に教える」と本人の理解が深まる

ときどきアウトプットをはさむと定着度が向上

単位の問題は実例を使うと効果的

子どもに説明させることで理解度を確認

子どもの学力向上のために、「子どもにもっと勉強を教えてあげないと！」と張り切る保護者の方がいますが、それはかえって逆効果になることがあるかもしれません。「ラーニングピラミッド」（16ページ）で紹介したように、学習定着率がもっとも高い学習法は、〝他人に教える〟ことです。

アウトプット学習を意識的に取り入れている、保護者の方の例を紹介しましょう。

子どもに問題の考え方や解き方を教えることもしますが、**次のステップに進む前にアウトプットの時間をはさんで進めている**そうです。たとえば、算数の単位の問題で考えてみます。

1ｍ40㎝＋70㎝の長さを求めるときに、単位はそろえて計算する必要があるから、先に40㎝＋70㎝を計算して110㎝です。

さらに「100㎝＝1ｍ」なので、110㎝＝1ｍ10㎝と単位がくり上がります。

そして、最初の1ｍに足して、答えは2ｍ10㎝になります。

ひととおり説明して練習で問題を解かせてから、「○○ちゃんがやった計算のやり方を教えて？」と、今度は子どもに説明してもらうように促します。

たった今教えてもらって解けるようになった内容でも、インプットしたことを自分の言葉に置き換えてアウトプットするのは、意外と難しい作業です。話を聞いてわかったつもりでも、いざ、自分で同じように説明しようとすると、なかなかできないこともあります。

言葉に出して、自分で表現することは、知識を定着させるためにとても有効な作業であり、学習を定着させる方法なのです。

保護者の方は「うん、うん。それで？」と相づちを打ちながら子どもの説明を聞きましょう。そして、「そうだね！　ちゃんと理解できてすごい！」と驚いて褒めながら進めていきます。

すると、子どもはどんどんやる気になっていきます。

実際の長さや重さを見つけてさらに定着

ほかにも、単位の問題をやりながら、別のアウトプット方法を行うこともあるそうです。単位は実際の長さや量をつかめないと、本当に理解したとはいえません。

そこで、身近にある1㎝を探すなどの時間を設けるとよいです。定規を持って1㎝くらいのものを探すと、子どもは自分の親指の先から第一関節あたりに1㎝を見つけることができました。そして、今度は1mを探すと、子どもが両手を開いた長さくらいであることに気づきます。そうやって、**1㎝や1mが身近なものに置き換えられると、長さのイメージがつきやすくなる**のです。

同様に重さの問題をやりながら、「100gってどれくらいだろうね？」と、はかりに鉛筆や消しゴム、キャラクターのカードなどを載せながら、100gを目指します。100gまであとちょっとというところまできたら、1円玉の登場です。「1円玉1枚=1g」なので、あとは1円玉で調整しながら100g作りを楽しむうちに、重さの単位が身近なものになっていきます。

もちろん、次にやるときは98gのところで「どうしたらいいと思う？」と、子どもに聞いてみましょう。「1円玉をちょうだい」という、期待する答えが返ってくるかもしれません。

身近な長さや量をはかったり、見つけたりするアウトプット学習を行うことで、定着度が格段に上がります。皆さんも、ご家庭でぜひ実践してみてください。

思考力を深める「ディスカッション」

POINT

- 意見を述べるとコミュニケーション力が磨かれる
- 学校でもディスカッションが行われている
- 自分で意見を出すと行動するきっかけになる

意見を述べ合いテーマを深める「ディスカッション」

小中学校で開始されている「アクティブラーニング」(27ページ)の手法の1つに「ディスカッション」があり、授業に取り入れる学校が増えています。教育現場でディスカッションを行うことは、子どもたちの自主性や協調性をはじめ、さまざまな能力の向上に有効だと考えられます。

ディスカッションは、日本語では「議論」を指す言葉です。議とは「意見」「話し合い」「相談」という意味で、議論とは文字どおり、それらをお互いに論じることをいいます。特定のテーマについて、自分はどう思うのか、ほかの人の考え方はどうなのか、それを聞いた上でさらに自分はどう思うのかなどをお互いに話し合います。ディスカッションでは意見を統一することが目的ではなく、いろいろな考えや価値観があるのを知ることが大切です。

とはいえ、自分の意見を相手に理解してもらえるように伝えることは大切で、そのために**論理的な思考力が必要**なのです。

「私はこうしたい！」と自分の主張をするだけでは、違う意見を持った相手に理解してもらうことはできません。

なぜそう思うのかを的確に表現し、相手に「なるほど」と思ってもらうにはどうしたらよいか試行錯誤することで、物事を深く、論理的に考えられるようになります。

加えて、**ディスカッションでも重要なコミュニケーション力は、良好な人間関係を築くために欠かせない能力**でもあります。

相手の話を聞いているだけ、自分の意見を言うだけでは、コミュニケーションは成り立ちません。両者がそれぞれ、相手の言うことを聞いて、話すというキャッチボールがあってこそ、会話が成り立つからです。

授業で行うディスカッションでは、少人数でグループになり意見を交わすことで、発言することが得意でない子も意見を述べる機会が増えます。こうした練習を続けるうちにコミュニケーション能力が身についていきます。

親子のディスカッションで子どもの行動が変わる

学校だけでなく、家庭でも日常的に親子のディスカッションタイムを設けると、子どもの思考が深まり、コミュニケーション力が伸びるよい機会になります。

ディスカッションというと大げさな感じがしますが、要は何かのテーマについて、お互いの意見を述べ合えばよいのです。普段のおしゃべりの延長です。

親子のディスカッションの利点としては、**会話が増えて親子間の理解や信頼が深まるだけでなく、子どもが自分で考えて行動する**きっかけになることもあります。

たとえば「電気代が上がっているけれど、どうしたらよいと思う？」をテーマにすると、「早く寝ると照明代を減らせる」「トイレの後に電気を消し忘れることが多いから、それをやめたらいい」「電気を自分で作ったらいい！」といった、意見やアイデアを親子で出し合うことができるかもしれません。

そのときは、「そうだね。それもいい意見だね」と子どもの発言を認めてあげるだけでいいのです。でも、もしかしたら普段よりも早くベッドに行くかもしれませんし、トイレの後に電気を消してくれるかもしれません。あるいは、電気はどうやって作っているかを調べ始めるかもしれません。

「トイレの後は電気を消しなさい！」と叱るよりも、実は効果のある方法ですよ。

難しいテーマでなくてもかまわないので、何かトピックスを立てて、親子で意見を出す時間を楽しんでみてはいかがでしょうか。

クイズやなぞなぞで
やる気スイッチオン

POINT

- クイズ形式なら子どもは楽しく学べる
- クイズなら親が問題を出しやすい
- なぞなぞで言語連想力が向上する

クイズで知的好奇心を高める

子どもは素直なので、楽しければやるけれど、楽しくなければやりません。つまり、**同じ学習でも「楽しい！」と思えれば、やる気スイッチが入ります。**

勉強だとは思わせずに、日常の中でゲーム感覚で学習できれば、子どもは楽しい時間を過ごしながら、自然と知識を増やしていくことができます。

ゲームは子どもの挑戦心をかき立てますし、クリアすれば達成感で満たされます。取り入れやすくておすすめなのは、**「クイズ」**です。学習内容でも日常のことでもOKです。

「うずらの卵の親はうずらですが、数の子の親は何でしょう？」というクイズなら、答えは「ニシン」ですね。でも、なぜニシンの子が数の子なのか気になりませんか？北海道や東北地方ではニシンを「カド」と呼び、ニシンの卵を「カドの子」と呼んでいたので、それがなまって「数の子」になったそうです。

このようにクイズを通じて、知的好奇心を育むきっかけにもなります。教科書の内容でも、ユーモア要素がたっぷりなオリジナルクイズを出すと、子どもは大喜びで取

り組みます。（154ページ）

なぞなぞは言語連想力を高める知的な遊び

実在する答えを問うクイズもよいですが、言葉遊びの1つである「なぞなぞ」もおすすめです。なぞなぞは「言語連想力」と「場面連想力」を高めるからです。

これらは私が考えた造語ですが、言語連想力とは、**ある言葉を聞いたときやある場面に出くわしたときに、どれだけ多くの言葉を思い浮かべられるかという能力です。**

たとえば、「ドーナツ」という言葉を聞いたときに、関連する言葉をどれだけ思い浮かべられますか？

「ドーナツ」→「丸い」「輪」「リング」「ミスター」「浮き輪」……という具合です。

次に、場面連想力とは、**ある言葉を聞いたときに、どれだけ多くの場面や情景を思い浮かべることができるか**という能力です。

同じように「ドーナツ」で考えてみましょう。

「ドーナツ」→「知り合いが犬の名前につけていた」「浮き輪代わりにプールに持ち込んだら、食べながら泳げていいな」「中身が空だからカロリーゼロだ」……など、おもしろい発想が出たでしょうか。

ちなみに、「ドーナツの中身は空だからカロリーはゼロ」というのは、タレントのサンドウィッチマンの伊達《だて》みきおさんのお笑いのネタになっていますね。

お笑い芸人さんのおもしろさはいろいろな要素がうまく合わさってのことでしょうが、**言語連想力と場面連想力が非常に高い点**で共通しているといえます。

そして、それらを瞬時に言語化できる、ずば抜けて回転の速い頭脳を持っているのでしょう。こうした力を養うために、なぞなぞは効果的です。「がんばっても、中身を食べられないおやつは何だ？」といえば、先ほどから例にしている「ドーナツ」ですね。

では、「おならをしない機械は何だ？」というなぞなぞの答えがわかりますか？

「おなら→プー→風」「しない→せん→扇」「機械→機」と連想できれば、答えは「扇風機」と出せるでしょう。

オリジナルのなぞなぞを作って出せれば最高ですが、そう簡単ではありません。なぞなぞの本やウェブサイトを利用して、親子で楽しんでみるとよいでしょう。子どものほうが頭がやわらかいので、意外と先に答えを見つけることもありますよ。

アウトプット勉強法

実践

会話は「教えて?」から始めよう

アウトプット学習の基本は、日常の会話です。子どもが知っていること、おもしろいこと、その日にあったことを自分の口で存分に話してもらえれば、それは貴重なアウトプット学習タイムです。

でも、子どもからは話し出せないこともあるでしょう。

そこで、子どもの心を開き、話し出してもらう魔法のような言葉があります。

それが、**「○○を教えて?」**です。

アウトプット学習でもっとも効果がある方法は「他人に教える」ことですが、もともと子どもは、**知っていることを親や友だちに教えたいという思いを持っているもの**

です。ですから、親ができるのは**子どもが自ら教えたい気持ちを大きくし、その機会を増やしてあげること**です。

普段からたくさん話してくれる子どもは、帰宅するとすぐに「○○って知ってる？あのね……」と、話しかけてくることもあるでしょう。

こういうときはしめたもので、すかさず「知らない。教えて？」と答えてください。たとえそのことを知っていても、**知らんぷりして教えてもらうのが正解**です。忙しくても同じです。「今、忙しい」と答えた瞬間に、子どもの教えたい気持ちまで完全にシャットアウトしてしまいます。まずは手を止めて「○○を教えて？」と声をかけましょう。

この魔法の言葉は、普段あまり話しかけてこない子にも有効です。

学校であったことや、その子が好きなことなど何でもいいので、**「○○を教えて？」と教えてもらう**のです。「○○を教えて？」とやさしく疑問形で問いかけられると、思わず答えたくなるので、口数が少ない子が口火を切るきっかけになりやすいのです。

たとえば、「今、社会の勉強では何をやっているか教えて？」とたずねてみましょう。「地図記号だよ」と答えてくれたのなら、「すごい！　知っている地図記号を教えて？」と教えてもらうのです。

アウトプットする度に子どもの知識は定着し、忘れてしまったものにも気づけます。忘れてしまったことは、復習のチャンスにもなるので、その場で一緒に調べたり、教えてあげたりすればよいのです。

とにかく、**普段は教えてもらうばかりの子どもが教える立場になるのは、子どもにとって貴重で楽しい時間**です。

このやりとりのステップを1つ上げるのなら、「◯◯について教えてほしいんだけど、考える時間を3分間あげるから、1分以内で話してみて」と**時間を区切る**ことです。考える時間には、紙に言いたいことをメモしてもOKです。

決まった時間に内容をまとめ、人に伝えるよい練習になります。

ちなみに、「◯◯を教えて？」は、宿題になかなか取りかかれない子にも使うことができます。

「今日の宿題を教えて？」とたずねれば、「漢字ドリルの◯ページ」と宿題の内容を教えてくれるでしょう。続けて、「漢字ドリルのページを見せて？」と言えば、ランドセルから漢字ドリルを出してくれるかもしれません。

ここで「ちょっとできそう？」と誘ってみると、子どもは「できない」とは答えづらく、思わず「できるよ！」と答えてくれる確率が上がるでしょう。

まとめ

「◯◯を教えて？」と親が教わる姿勢を見せると、子どもは知っていることを喜んで教えてくれます。

「◯◯を教えて？」は、子どもが先生になれるチャンス。人に教えることで、子どもの学習定着度はグンと上がる。

実践 アウトプット勉強法

ニュースを見て親子で話し合ってみよう

子どもにとって自分にはあまり関係なく、おもしろくないと思いがちなニュース番組ですが、身のまわりで起きていることを知るために大変役に立ちます。

無理に難しい情報や悲劇的なニュースを見せることはありませんが、親が見ているとなりで何となく一緒に見ているだけで、情報を得たり、「これってどういうこと?」と疑問を持ったりすることもあるかもしれません。

もしニュースを見ているときに、**親子で話し合えそうな身近な話題があれば、ぜひ親子の議論のテーマにしてみる**とよいでしょう。

ウェブサイトには子どもが見たり、読んだりしやすいニュースや新聞の記事などもあるので、そちらも活用してみてください。(92ページ)

ニュースから議論のテーマを得て、親子で議論する方法は、大きく2つあります。

1つは、76ページでも紹介した「**ディスカッション**」です。

たとえば、小麦の価格が高騰しているというニュースがあった場合、次のように順を追って意見を求めたり、意見交換をしてみたりするとよいかもしれません。

❶ どうして、小麦の値段が上がっているの？
❷ どうして、小麦の値段が上がると問題なの？
❸ 解決するためにはどうすればいいの？
❹ その解決方法の問題点は？
❺ 一番いい解決方法は何だと思う？

とはいえ、子どもが小麦の値段の高騰に興味を持つかどうかはわかりません。

そんなときは、「〇〇ちゃんの好きなクッキーが、食べられなくなっちゃうかもしれない。これは一大事！」などと伝えると、「何で？」と食いついてくるでしょう。

そんなふうに子どもが興味を持てるようにサポートしながら、意見を述べ合えると子どものアウトプット力が鍛えられていきます。
大切なのは**お互いの意見を否定するのではなく、さまざまな意見や価値観を受け入れること**です。

もう1つの方法は「**ディベート**」です。

結論よりも意見を出し合うことを重視するディスカッション（77ページ）に対し、ディベートは特定のテーマに対して、肯定派と否定派など反対の立場に分かれて意見を述べ、最終的に結論を1つに絞る討論になります。

先ほどの小麦の高騰の話題であれば、「パン派？　ご飯派？」というテーマでもよいかもしれません。子どもが「パン派」だというのなら、大人はご飯派の立場で楽しく意見を戦わせてみてください。

こうしたやりとりで、**別の意見を受け入れる心の土壌が育っていく**ものです。

ちなみに、自分の意見をまとめて主張する練習として、子どもが親に買ってほしいものがあったり、かなえてほしいお願いがあったりする場合は、**内容に対してのプレゼンをしてもらう**のがおすすめです。

子どもの要望が切実であるほど、大人を納得させるためにたくさんの準備をすることでしょう。

準備からプレゼンまで、すべての過程が子どものアウトプット力を伸ばす機会です。プレゼン内容に不備があるならフィードバックして改善してもらいましょう。その際、大人は感情に任せず、適切にアドバイスしてください。

まとめ

ニュース番組は知識の宝庫です。テーマを見つけて、親子で意見を交わしてみてください。

自分の意見を通すだけでなく、相手の意見を聞くことで、子どもの価値観は広がっていく。自分とは違う意見に触れると、自分の意見を深めるきっかけにも。

子どもにわかりやすい
ニュース・新聞サイト

インターネット上には、新聞社などが運営する、子ども向けのさまざまなニュースサイトがあります。短い文章でまとめられていたり、漢字すべてにふりがなが振られていたりと、子どもが読みやすいようになっています。

毎日小学生新聞
https://mainichi.jp/maisho/

ニュースだけでなく、「ニュースのことば（話題の用語）」「なるほどヒヨコ」「疑問氷解」などの記事もあってためになる。記事には、ふりがながついているので子どもだけでも読める。

西日本新聞 こどもタイムズ
https://www.nishinippon.co.jp/theme/kodomo/

西日本新聞朝刊のこども面に掲載される記事のウェブ版で、子ども記者が取材したおもしろいニュースを掲載している。子どもならではの切り口で、大人も楽しんで読むことができる。

朝日小学生新聞
https://www.asahi.com/asagakuplus/article/asasho/

朝日新聞による小学生向け新聞。休刊日を除く毎日発行。政治、経済、社会、国際、さまざまなテーマの時事問題が取り上げられ、わかりやすく解説。一部の記事は無料公開されている。

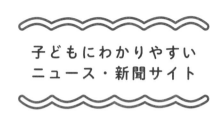

読売 KODOMO 新聞

https://kodomo.yomiuri.co.jp

大きなカラー写真やイラストをふんだんに使い、世の中の動きや役立つ知識を伝える小学生向けの新聞。週1回、木曜日に発行。子どもに人気のキャラクターが登場し、時事用語から英語まで楽しく学べる。

週刊かほピョンプレス

https://www.kahoku.co.jp/special/kodomo/

宮城県の新聞社「河北新報」が運営する週刊発行の子ども新聞。週1回、日曜日に発行される。ウェブサイトでは最新号の1面記事のほか、一部のコンテンツと1面のバックナンバーを無料で閲覧できる。

※掲載しているのは2023年9月現在の情報です。

実践 アウトプット勉強法

「なぜ?」を一緒に考えよう

とある中学受験塾の先生から聞いた話を紹介しましょう。

ある日、塾での授業が終わった帰りぎわに、6年生の男の子が「先生、宇宙っていつからあるの?」と聞いてきたそうです。先生が答えに困っていると、すかさず「宇宙って無限に広いの? 果てがあるの? 宇宙の外には何があるの?」と聞いてきました。

そこで、先生は「どうなんだろうね。時間的にも空間的にも無限なのか、それとも有限なのか……。有限だとしたら、宇宙が始まる前には何があったとか、宇宙の外には何があるかって問題が出てくるね」と思いつくままに自分の考えを話しました。

さらに、その先生はスマホで「宇宙／果て」などのキーワードで検索して、該当するページを一緒に読んだり、わかりやすく説明したりしました。

男の子は、目を輝かせながら先生の話を聞いていたそうです。そして最後に、その子は「まだよくわからないけど、不思議だね」と言いました。先生も「先生にもよくわからないけど、ホント不思議だね」と答えたのだそうです。

子どもの「なぜ？」「どうなっているの？」という疑問の気持ちに寄り添った先生の対応は、大変すばらしいものです。

そして、別れぎわに男の子は、「宇宙の話をお母さんにも聞いたけど、『そんなことわかるわけないじゃない。そんなことはどうでもいいから、勉強しなさい』って言われた」と言ったそうです。

その子のお母さんとしては、「宇宙の果てというスケールの大きな話を考えてもしょうがない、それより目の前の受験勉強をがんばってほしい」という気持ちがあったかもしれません。

しかし、これが本当に後回しにしたほうがいいことかというと、決してそんなことはないわけです。

なぜなら、科学的な探究においても、芸術的な創造においても、こうした疑問や驚きを感じる〝感性〟が土台になるからです。

「感性」という単語を辞書で引くと、〝物事を心に深く感じ取る働き〟（デジタル大辞泉）とあります。

自然からある種の不思議さを感じ取るこうした感性を、アメリカの生物学者であるレイチェル・L・カーソンは、すべての子どもが生まれながらに持っている「センス・オブ・ワンダー」と表現しています。加えて、神秘さや不思議さを受け取る感性を失わないために、私たちが生きている世界の喜び、感動、神秘などを子どもと一緒に発見し、感動を分かち合ってくれる大人が少なくとも一人そばにいることが必要だと述べています。

それができるのは、子どもの一番そばにいる保護者の皆さんではないでしょうか。

感性が豊かに育つと人の気持ちを感じ取ることができるので、思いやりの心も育ちます。感性が豊かな人は、人が気づかないことにも気づけます。発想もユニークで、アイデアも豊富です。

そういう子は夢を持ち続けられますし、自分でやりたいことをどんどん見つけて前進するエネルギーもあふれています。

ですから、子どもの「なぜ？」に耳を傾け、一緒に疑問に向き合いながら豊かな感性を育ててあげてほしいと思います。

まとめ

子どもが問う「なぜ？」は、感性を伸ばすエネルギーに満ちた小さな芽。摘まずに、大きく育てましょう。

子どもは知りたいことがいっぱい。答えは親にもわからないこともあるだろうが、一緒に調べたり、考えたりすることで子どもの感性は豊かになっていく。

実践 アウトプット勉強法

おもしろい読み方で音読させてみよう

音読の宿題を、子どもがミュージカルやお経のような読み方でふざけて読んでしまうことについて悩んでいる保護者の方がいました。「まじめに読みなさい」といくら子どもに言っても、聞いてくれないと困っているようでした。

そこで、私はこう答えました。

「楽しく読めていて、すばらしいではありませんか！」

アウトプット学習の基本に立ち返ると、楽しみながら声に出して読むことは立派なアウトプット学習です。そして、そこに〝楽しさ〟があったほうが定着につながります。だから、何の問題もありません。

むしろ、「その読み方おもしろいね！　ほかのバージョンもできる？」と言って、**2回目の音読を促せば、定着度も倍増**です。

そう言われても、ふざけた読み方が続いたら困ると思われるかもしれませんね。

でも、安心してください。子どもが一生そんな変な読み方をするわけはありません。今は、それが楽しい時期なので、存分に楽しませてあげればいいのです。それを大人も一緒に楽しんでみてはいかがでしょう。「お年寄りのように」「踊りながら」「できるだけ小さな声で」など、テーマを設けてもいいと思います。

子どもを調子に乗らせるのは悪いことだ、と思っている方もいるかもしれませんが、それはまったく逆です。**調子に乗らせて楽しませることさえできれば、子どもは自ら進んで物事に取り組んでいきます。**

国語だけでなく**社会や理科、生活科の教科書を音読するのもおすすめ**です。目で読む黙読だけでは理解できていなかった内容も、**音読することで理解が進む**ことはよくあります。さらに、黙読でわかったつもりになっていたところでも、**音読して自分の耳で聞くことで新たな発見につながる**ことがあるのです。

私が教員だったときに、社会や理科の教科書の音読をやったときとやらなかったときとでは、クラスのテストの平均点が20点近く違ったこともあります。小学校のテストは教科書の記述を元にして作られています。だから、テストの問題の元になっている教科書を何度も音読して頭に入れておけば、断然テストの点数が上がるわけです。特に社会は、教科書を暗記するくらい読んでいれば、テストでかなりの点数を期待できます。

さらに、社会や理科の教科書には、国語の教科書には出てこないような言葉や漢字、熟語がよく出てくるので、**語彙を増やすという面でも効果的**です。

今はランドセルをできるだけ軽くするために、普段は教科書を持ち帰らせない学校も増えています。

その場合は、教科書の代わりに、市販の教科書ドリルなど家庭にあるものを音読するとよいでしょう。

ちなみに、家電製品の取扱説明書や契約書など、黙読しただけではなかなか内容を理解できません。そういった場合には、私も実際に声に出して読んでみることで内容を理解するようにしています。

まとめ

役者気分になって、いろいろな声で宿題の音読をしてみましょう。理科や社会の教科書を音読するのも◎。

一見ふざけているようでも、楽しく音読できているなら問題なし。もっとほかのパターンができないかとくり返せば、表現力も向上する。

実践 アウトプット勉強法

国語辞典を使ってクイズを出し合おう

ニュースを見たり読書をしたりしていて、初めて聞く単語やわからない単語があると、子どもは「◯◯ってどういう意味？」と聞いてくることがあります。

こういうときにすぐに引けるよう、**自宅のすぐ手に取れるところに国語辞典を置いておき、調べる習慣をつけておくと学力アップ効果が高い**です。

小学3年生になると国語辞典を使って単語を調べる学習が始まりますが、普段から家庭でも行っておくと、学校での作業もスムーズです。

今は、インターネットの検索窓に単語を入力すれば、すぐに意味を知ることができます。便利な辞書アプリもあるので、大人の皆さんが知りたい単語を調べるとなれば、スマホやタブレットを取り出すことでしょう。知りたいことがすぐにわかるため利便性は高く、大人はそれでもよいのです。

ただ、**子どもには自分の手で紙をめくって調べる国語辞典の楽しさを教えてあげてほしい**と思います。国語辞典を使って単語を調べる一番のメリットは、**目的の単語を探す間に、その単語以外の単語や説明が目に入ってくる**という点にあります。

調べている最中に自分の知っている単語があると、思わず手を止めて説明を読んでみたり、目的の単語には反対語や同意語があることを知ったり、目的の単語のとなりに同じ音でも違う漢字の熟語があることに気づいたりと思わぬ発見があるのです。

国語辞典を使ったときには、マーキングすることも習慣にするとよいでしょう。普段から「本を汚してはいけない」と教わっている子どもにとって、本に自分の好きな色をつけられるのは楽しい行為です。

マーキングすることで、2回目に同じ単語を調べることがあれば、「あっ、前にも調べていたんだ」という気づきになります。

また、調べた色がついている2つの単語の間にまだマーキングされていない単語があれば、気になって色をつけたくなるので、新たな単語とその意味を知るきっかけにもなるわけです。

そのほか、国語辞典を使った語彙力アップの方法で、親子で実践しやすいのが「**国語辞典クイズ**」です。これは、**言葉の意味が書かれた説明文のほうを読んで、その意味の言葉を当てるクイズ**です。

たとえば、「大人になっていない、幼い人や動物。自分の子。息子や娘」とクイズを出します。答えは「子ども」ですね。答えがわかったら、国語辞典で確認してもらってマーキングしましょう。

今の問題は簡単でしたが、「南に向いたときに、東側になるほう」という問題ではどうでしょう。一瞬考えてしまいますが、答えは「左」です。

抽象的な言葉の説明は難易度が高いですが、その分「なるほど」と感じられるおもしろさがあります。

ちなみにほかの国語辞典では、左の説明に「北を向いたときに西にあたる側」とありました。国語辞典によって説明が違うのもおもしろいですね。

このように親子で交代しながら国語辞典クイズを楽しんでみてはいかがでしょう。

子どもは自分が知らない難しそうな言葉を選んで出してくるので、大人にとっても真剣に考える〝脳トレタイム〟になりますよ。

まとめ

国語辞典を使えば、クイズ作りも簡単です。親子で楽しみながら、語彙を増やしていきましょう。

国語辞典クイズで楽しく国語辞典を引く習慣ができると語彙が飛躍的に増える。クイズに出した問題は、子どもにマーキングしてもらおう。

実践 アウトプット勉強法

逆さ言葉を言わせてみよう

子どもがキャッチした情報をアウトプット学習に活かすには、一時的に脳に受け取った情報を保存しておく必要があります。

集めた情報を一時的に脳に保存してから処理する能力を「ワーキングメモリー」と呼びます。ワーキングメモリーは別名「作業記憶」とも呼ばれ、脳科学・教育学・心理学などの分野で注目されています。

意識していないところで自然と働いていて、レジで言われた金額を一時的に覚えておいて支払うお金を財布から取り出したり、指定されたサイズや型番の商品を買ったりなど、あらゆる場面でワーキングメモリーを使っています。

ワーキングメモリーは、工作をするときの〝作業台〟のようなものとイメージするとわかりやすいかもしれません。

工作をするときには作業台の上に必要な材料や道具を用意して、あれこれパーツをそろえながら、最終的に1つの完成物を作り上げていきます。

作業台が広ければ、必要な材料や道具をすぐに使える状態で広げられるため、見通しがよく、複雑な作業ができます。つまり、作業の能率が高いわけです。

反対に、作業台が狭いと複雑な作業がやりづらく、ごちゃごちゃとしたスペースから必要なものを見つけるまでに何をやっていたのか忘れるなど、能率が上がりません。

ワーキングメモリーの容量には個人差がありますが、**ワーキングメモリーの容量が大きいほど、複雑で高度な思考や行動ができるわけです**。ですから、**ワーキングメモリーの容量が増えれば学力アップが期待できるのです**。ワーキングメモリーを増やすと、**「計算力」**や**「文章読解力」**が上がるといわれます。

計算においては、数字を短期的に記憶したり、文章問題の情報を処理したり、解き方を長期記憶から探したりといった力を発揮しやすくなります。文章読解においては、直前に読んだ文章を記憶し、要約する力が向上します。

ワーキングメモリーを鍛えるには、一時的に情報を記憶しながら、同時にアウトプットする練習が効果的です。「間違い探し」やトランプの「神経衰弱」でも鍛えられますが、親子で取り組むなら、「**逆さ言葉**」がおすすめです。

やり方は、**親が出した問題の言葉を、子どもが逆さに読むだけ**と簡単です。たとえば、親が「ほます」と言ったら、子どもは「スマホ」と逆から読んで答えます。子どもは親が出す問題を紙に書いたりはせず、頭の中で記憶し、その記憶を頼りに逆から読んでいきます。

最初は短い単語から練習して、慣れてきたら「ないろしもおはばとこさかさ」というような長い文章にもチャレンジしていきましょう。ちなみに、今の問題の答えは「逆さ言葉はおもしろいな」になります。

反対に親が「消しゴムのカス」と問題を出し、子どもが「すかのむごしけ」と答えるのもよいトレーニングになります。「私、負けましたわ」のように、前から読んでも後ろから読んでも同じ「回文」を探すのもよいでしょう。

子どもは変わった音をおもしろがれるのと、あまのじゃくな一面もあるので、楽しんで逆さ言葉をやる子は多いですよ。

まとめ

言葉を記憶して、逆さから読む練習は、子どものワーキングメモリーを鍛える有効な手立てです。

ワーキングメモリーが鍛えられると、短期記憶だけでなく長期記憶の能力も向上する。親子で「逆さ言葉」を楽しむだけで、自然に鍛えられる。

実践 アウトプット勉強法

リズム歌を作ってみよう

勉強が苦手な子は、教科書を黙読するだけでは内容が頭に入ってこないため、暗記できないことが原因になっている可能性があります。

そんな子には教科書を声に出して音読させることも有効ですが（98ページ）、オリジナルの「**暗記リズム歌**」を作ると、もっと楽しく暗記ができるようになります。

暗記リズム歌は、「**五七五**」や「**五七五七七**」のリズムを活用して、覚えにくい学習内容を歌にして覚える方法です。

俳句や短歌などの〝七五調のリズム〟は、日本語を母国語とする私たちにとって、心地よいリズムです。

リズムを伴った音は、単なる文字の羅列を覚えるのとは違い、脳の聴覚野が連動して働くことが知られています。そのため、**記憶に残りやすいのです。**

大人が小学生のときに習った教科書の文章をあまり覚えていなくても、子どもの頃に口ずさんでいた歌を歌えることがあるのは、こうした脳のメカニズムが関係しているわけです。

暗記リズム歌は大人が作って歌ってみれば、子どもはおもしろがって覚えてくれるかもしれません。ただ、子どもと一緒に考えるとさらに効果てきめんです。**リズム歌を作る作業はアウトプット学習ですし、歌を作るために主体的に教科書を読んで理解しようという意識が働く**からです。さらに自分の作った歌は学校で友だちに教えたくなるもので、そうなれば定着度はますます上がっていきます。

たとえば、理科の授業で習った「昆虫の体は頭と胸と腹の3つに分かれている。足は胸から出ていて、数は6本ある」ことを覚えるために、例として私が作ったリズム歌を紹介しましょう。

↓「昆虫は　頭・胸・腹　3パーツ　足が6本　胸から出てる」

てこの働きで、力点と支点の間を長くすると弱い力でも重いものを楽に持ち上げられるという内容を学んだ場合には、こんなリズム歌もよいでしょう。

↓「力点と　支点の間が　長ければ　弱い力で　ラクラク上がる」

国語で句読点を学んだとき、読点は「、」で句点は「。」というのが正解ですが、間違えて覚えてしまいそうなときにも、リズム歌で正しく覚えられます。

↓「句読点　読点がテン　句点マル」／「読点が　テンで句点は　マルですよ」

社会の歴史でも、いろいろと考えてみることができます。

↓「信長の　楽市楽座で　好景気」

↓「卑弥呼さん　邪馬台国の　女王だ」

地理でもたくさん作れます。リズム歌を発展させて、上《かみ》の句と下《しも》の句を用意するのもおもしろいですよ。

大人が「静岡で　しらすを食べて　お茶飲んで」と詠《よ》んだら、子どもが「富士に登って　ピアノを弾こう」と答えるという方法です。

あるいは、「桜島　豚も大好き　さつまいも」と大人が歌ったら、子どもが「鹿児島県」と答えるという遊び方も。このように、ゲームをしながら楽しく学べます。

まとめ

「七五調　リズムにノッて　楽暗記《らくあんき》」

七五調のリズム歌を作れば、覚えにくいことも自然と身につきます。

「リズム歌」を作れば、覚えにくい学習内容の暗記もラクラク。教科書を見ながら、親子でオリジナルの歌をたくさん作ってみよう。

実践 アウトプット勉強法

学んだことをSNSで発表させてみよう

今の子どもたちはYouTubeやTikTokといった動画投稿サイト、Instagramなどの写真投稿サイトなどのSNSから、自分の知りたい情報を得ることがよくあると思います。

子どもとSNSのつき合い方については、家庭によってさまざまな考え方があることでしょう。家で子どもが動画投稿サイトばかり見ていて心配だという保護者の方の声をよく聞きます。一方で、親が子どもにタブレットを与えて子守りの道具にしてしまう問題が起きていることも知っています。

ですが、私は**SNSを一切禁止とシャットアウトするよりも、親子でルールを決めて守るようにしながら〝楽しく活用する〟のが、時流に合わせた使い方**ではないかと思っています。禁止すると子どもは親にバレないように、こっそり使いかねません。それよりも、親が見ているところで一緒に使ったり、親子でしっかり話し合って作った約束のもとで使ったりするほうがよいと思います。

実際、人気ユーチューバーによるYouTubeの学習動画チャンネルのわかりやすさ、話の展開のおもしろさには目を見張るものがあり、これは子どもの心をつかむはずだと感心するものがたくさんあります。

子どもだけでは行うことが難しい実験なども、動画がきっかけで子どもの好奇心に火がつくこともあります。動画が子どもの興味・関心を広げることもあるのだから、上手に活用していけばよいとシンプルに考えてみませんか。

また、さらにおすすめしたいのは、子どもが学んだことや習い事、趣味などで熱中していることをSNSやYouTubeなどで表現することです。

SNSではありませんが、私は『サンドウィッチマン&芦田愛菜の博士ちゃん』（テレビ朝日系列）というテレビ番組が大好きです。

番組に登場する子どもたちが目を輝かせて自分の好きな分野の話をベラベラと話す姿を見ては、子どもの可能性の大きさを感じ、そんな子どもたちがたくさんいてうれしくなります。子どもが好きなことや、一生懸命に学んでいることは、テレビだからSNSだからということではなく、堂々と発表できるものなのです。

もちろん子どもが犯罪に巻き込まれないための対策は十分に講じてほしいですが、作った作品を写真に撮影して写真投稿サイトに発表するだけなら、個人情報や顔を明かさなくても多くの人に見てもらえるかもしれません。

動画投稿サイトでも、家族、親戚、友だちなど、見てほしい人にだけアップした動画のリンクを伝えて、閲覧者を限定する方法を選ぶこともできます。

とにかく子どもが熱意を持って人に伝えたいこと、見てほしいことがあるのなら、**大人ができる協力をしてあげてほしい**と思います。投稿する以上、どうしたらわかりやすくなるかなど、ほかの人の投稿も参考にして情報の見せ方を工夫することでしょう。これこそが、アウトプット学習の理想的な進め方です。

SNSの活用によって、子どもが同じ分野に興味を持つ仲間を得たり、その分野に詳しい人が情報をくれたりと、子どもの世界がさらに広がるきっかけになるかもしれませんよ。

まとめ

SNSに興味を持つ子には、上手に活用して、子どもの世界を広げてあげましょう。

SNSは子どもの学びをアウトプットする1つのツール。安全管理には気をつけながら、発表の場として上手に活用する方法を検討して。

コラム 2 これもアウトプット

「AIチャットサービス」は自主学習の味方

会話形式でやりとりしながら、ほしい情報を簡単に得られると人気なのが、Chat GPTに代表する生成AI（AIチャットサービス）です。

ネット検索が私たちの生活において不可欠なように、生成AIも、今後、日常の必需品になると予測されています。一方で、子どもが使用することで「自分で考えなくなるから、思考力が育たないのでは?」と懸念する声もあります。

私は、そうとは限らないと思っています。

生成AIは、子ども自身の興味があることや極めたいことを主体的に追究していく学習ツールにとても向いています。自分が知りたい回答を得られるまで工夫して質問をくり返したり、得た回答から次の疑問が生まれたりと、どんどん知識を深めることができます。

このような使い方なら、子どもの思考力や追究力はいっそう深まるはずです。

ただし、そのためにも自分で課題を見つけて追究するアウトプット力が重要なのです。

使い方はシンプルで、聞きたい質問を入力すれば、ＡＩが答えてくれます。条件などを加えながら質問をくり返すと、より具体的な回答を得やすくなります。

わからないことを答えてもらうほか、しりとりをしたり、相談をしたり、アイデアを聞いたりとさまざまな活用方法があります。

ただし、ＡＩの回答が間違っていることもありますし、子どもが安易に頼らないためにも、使用する際は大人がそばで見守ってあげましょう。

生成AIの便利な使い方

【 条件をつけて理由を聞く 】

質問 ▶ **わらびもちがおいしい理由を3つ教えて**

AIによる回答 ▶ わらびもちがおいしい理由を3つ教えますね。

1. なめらかな食感：わらびもちは、もちもちとした食感が特徴で、口の中でふんわりとした感触が楽しめます。この食感は多くの人にとって魅力的です。
2. 甘みと和の風味：わらびもちには、上品な甘さと和の風味があります。あんこやきなこ、黒蜜などのトッピングとの組み合わせが絶妙で、和菓子として人気があります。
3. 季節感：わらびもちは、季節感を感じさせる和菓子の1つです。季節によってわらびもちに使われる材料やトッピングが変わり、季節ごとの味覚を楽しむことができます。

【 上手にやるためのコツを聞く 】

質問 ▶ **50m走で速く走りたい！**

AIによる回答 ▶ 50m走で速く走るためには、トレーニングとテクニックの改善が重要です。以下はいくつかのポイントです。

1. スプリントトレーニング：短距離走を改善するために、スプリントトレーニングを行いましょう。瞬発力を高めるために、短い距離で最大の速さで走る練習が効果的です。
2. ウォームアップ：ウォームアップは怪我を防ぐために重要です。関節や筋肉をしっかりと準備し、最高のパフォーマンスを引き出すために必要です。
3. スタートの練習：スタートは50m走で非常に重要です。スタートのテクニックを練習し、最初の数メートルを迅速に走る方法を改善しましょう。
4. サプリメント：トレーニングの補助として、コーチや栄養士と相談して、適切なサプリメントを摂ることも考えてみてください。

⋮

※生成AIによる回答の例であり、回答内容を保証するものではありません。

PART 3

子どもは「書いて」伸びる

ノートに書く（描く）には、情報をまずは自分で整理する必要があります。その過程によって、思考力などが伸びるのです。子どもが書いたものを必ず褒めるようにすれば、モチベーションがアップし、どんどんアウトプットしたくなります。

書いて磨かれる「思考力」と「観察力」

POINT

楽しければ「書く」アウトプットが増える

書くことは思考を整理する手段

描くことは観察眼を養い、好奇心を旺盛にする

「書くって楽しい！」と思えればアウトプットが増える

たくさんおしゃべりをする子もいれば、口数は少なくても文字を書いたり絵を描いたりするのが好きな子もいます。どちらもその子の個性で、子どもが自ら伸びようとしている証《あかし》です。

ですから上手／下手は関係ありませんし、大人は「うるさいから静かにして」とか「いたずら描きはダメ」というように叱らないであげてください。むしろ、そのすばらしい能力をどんどん引き出してあげてほしいです。

書くことは、アウトプットの基本になります。

ですから、書くことが「楽しい！」と思えれば、子どもはどんどんアウトプットの量を増やしていきます。

書くことは〝思考を整理する〟大事な手段

自分の言葉で表現したり、まとめたりする「書くアウトプット」は本来楽しいものです。しかしながら、書く作業は時間がかかって面倒くさいと感じる子どもも少なくありません。

学校や塾では、パソコンやタブレットを使った学習が広がっています。こうした学習環境も一因なのでしょうが、書くことが苦手な子も増えています。そんな状態で、せっかく書いたものに対して「漢字が間違っている」「字が汚い」と大人から注意を受ければ、ますます子どもが書きたくなくなるのも当然でしょう。これは大変もったいないことです。

なぜなら、**書くことは〝思考を整理する大事な手段〟**だからです。**書く機会が増えれば、自分の頭を使って思考を整理する機会も増える**ため、地頭が鍛えられて頭がよくなっていくのです。

もちろん、書くのを文字だけに限る必要はありません。理科の学習では、観察したものなどを絵で表すことも多くあります。さらには、「セミの羽はかたいなぁ」「ホウセンカのめしべはねっとりしている」という特徴を表現するのが難しいと思ったら、粘土やセロハンテープで模型を作って貼りつけたりと工夫する子もいるでしょう。そして、そこからなぜセミの羽はかたいのか、なぜめしべがねっとりしているのか、と探究心を広げていくことができます。

紙とタブレットを上手に使い分ける

先ほども述べましたが、書く学習ツールはノートや紙だけでなく、タブレットなどのデジタル機器もあります。

タブレットは、子どもが普段からゲームをしたり、動画を見たりするのに使っているため、**遊びの延長のような感覚で学習に取り組みやすい**というメリットがあります。紙での学習はやりたがらないのに、タブレット学習であれば取り組む子もいます。

しかも、問題を解くと◯や×、点数が表示されるので、結果がすぐにわかります。教育心理学では「即時確認の原理」と呼びますが、**やった作業に対する結果がすぐにわかると、やる気につながりやすい**のです。

ただし、タブレットによる学習には、広告などの余計な情報が画面に表示されて、集中力を欠くというデメリットがあります。そのため、深くじっくり考えることには向かないのです。

実際、紙に書くこととタブレットやパソコンに入力する作業を比較すると、**紙の作業のほうが集中力が発揮され、理解度も定着度も高い**という研究結果が出ています。

ハイブリッドな学習環境にいる子どもたちではありますが、こうしたメリットを踏まえて、紙に書く学習の大切さや楽しさをぜひ伝えてあげてください。

「アウトプットデー」で書く力を伸ばす

子どもが書く（描く）力を伸ばすためには、ご家庭でも「アウトプットデー」を設けて子どもに発表してもらいましょう。

だれかに見てもらう機会があると、表現にも工夫が生まれ、文章力にも磨きがかかるものです。そして、「よりよいものにしたい」「よい発表をしたい」という向上心が生まれてがんばれます。

アウトプットしたい内容に合わせて画用紙やレポート用紙、作文用紙などを選ぶとよいですが、最近は自分でテーマを決めて絵や図、文章をまとめることに特化したノート（自主学習帳）もあります。

地図記号や道のりと距離の違いなどのように、学校で習ったことを書いてもよいですし、子どもが好きで調べたことをまとめたり、キャンプに行ったことなど経験した思い出を残したりするのもよいでしょう。

紙とデジタルの学習のメリット・デメリット

紙

メリット

・メモやアンダーラインをつけたり、付箋を貼ったりでき、能動的な学習が可能。
・手で書くと記憶に残りやすい。
・余分な情報がなく集中できるので、内容を深く理解できる。
・操作性が高く、必要なページをすぐに見つけて開ける。しおり代わりに、角を折り曲げられる。

デメリット

・ゲーム感覚が少ない。
・教科ごとに教科書やノートがいるなど、持ち運びに不便。

デジタル機器

メリット

・遊びの延長のような感覚で学習に進める。ゲーム感覚がある。
・結果がすぐにわかるので、やる気アップにつながる。
・能力に合わせて最適化された問題が出題される。
・携帯しやすく、いつでも取り組める。

デメリット

・余分な情報が多くて集中力が低下し、じっくり考えにくい。
・ゲームなどの遊びの誘惑がある。
・眼精疲労などの心身の疲労やストレスが大きい。

やる気をアップさせる褒めることと「花丸」

POINT

- 勉強をしても怒られるならやる気は出ない
- 一部分でも褒めるポイントを見つける
- 褒める気持ちで大きな花丸をあげよう

否定的な言葉では子どものやる気を引き出せない

実は〝**勉強をすると叱られる**〟と感じている子どももいるということをご存じでしょうか。

これは、子どもが勉強したノートやドリルを見るなり、「漢字が間違っている。ここは違うでしょ。この前も教えたのに！」とか、「もっとしっかりやらなきゃダメ。すぐに直しなさい」などと、いきなり親に叱られてしまうことがあるからです。これでやる気が出せる子どもなど、いるはずがありません。

こうした**大人の否定的な言葉が、子どもを勉強嫌いにさせているケースはとても多い**ことを知ってほしいと思います。

それに気づかないで、「うちの子は宿題をやろうとしない」「通信講座や問題集を続けられない」と嘆くのは残念なことです。大人としては、子どもが間違えたところを教えて正すのが役目だと思われるかもしれません。でも、結局、子どもがやる気を出せないとしたら得策ではないわけですね。

たくさん褒めてから修正や注意点を伝える

子どもが書いたものを見たら、まず褒めてください。大切なのは、**肯定的な言葉**かけです。「褒めるところなんてない！」という保護者の方は、大事なところを見落としています。子どもが書いたものを見ている時点で、子どもが〝やった〟という事実があり、それは褒めるに値することです。

さらに褒めるためには、「部分」に注目してみましょう。上手に書けている子どもの一文字を見つけて褒めてもいいですし、がんばって試行錯誤したところがあれば、それも褒めましょう。たとえ答えが間違っていても、式が合っていれば、それも褒められる部分です。

そして、子どもが書いたものに直してほしいところや間違っているところがあれば、**褒めた後に「ここは惜しかったね。難しかったね」と言って、書き直すように促せば**よいのです。

子どもの字が汚いと心配する保護者の方もいますが、その必要はありません。字を書くスピードが頭の回転についてこられないために雑になるという子もいますし、そういう子が書いたものは、中身が充実しているものです。そういうときこそ、「部分」を褒めてあげましょう。

花丸で子どものやる気をアップ

子どもが取り組んだものを見て丸つけをするときも、〝**丸つけで褒める**〟という気持ちで行ってください。地味な丸でなく、ぜひ、盛大な花丸をつけてあげてください。しかも、見るだけで楽しくなるような花丸がおすすめです。

花丸にニコニコの顔がついていたりすれば、子どももうれしくなります。筆記具も明るく華やかで太めの水性ペンや赤鉛筆がよいでしょう。

答えを間違えたところに大きなバツをつける必要はなく、小さなレ点だけを残せば十分です。ぱっと見で、**がんばったと認めてもらえる印象になっていることが大事**です。たかが丸つけと思いがちですが、されど丸つけなのです。**がんばったことを花丸という形で評価してもらえれば子どもは誇らしく、次もがんばろうとやる気を出せる**ものです。

シールやスタンプもよいですが、おうちの人がくれる花丸は特別なものですよ。

ノートの上手な使い方で学力がアップ

POINT

- ノートには今の子どもの姿が表現されている
- ノートの機能は「記録」「思考」「練習」の3つ
- 書き方は「構造的」か「思い切り」かが大事

ノートは子どもを知る学習アイテム

ノートは子どもがアウトプットした成果で、〝今の子どもの姿〟がよく表れています。どんな勉強が得意で、どんな分野が苦手なのか、毎日どんなことを感じて、発見しているのか。ノートは子どもの成長の軌跡といっても過言ではありません。

私は教師時代から感じていたことですが、保護者の皆さんには、**子どものノートをもっとよく見てあげてほしい**と思っています。とはいえ、ノートを見たところで、どうしていいかわからないこともあるでしょう。そこで、ノートの役割をまずは知ってもらいたいと思います。ノートには3つの機能があります。

1つは「**記録**」という機能です。学んだことを一度で完璧に覚えられる子どもはいません。何かに記録し、くり返し見て、確認することで知識として定着していきます。

板書だけでなく、授業中に自分が考えたアイデア、友だちの発言内容なども記録することで学習効果が高まります。**記録とは、インプットした情報をアウトプットできている証明**です。

2つ目は「**思考**」という機能で、発想を広げたり、深めたりするものです。たとえば、算数の応用問題を図に描いて考えるといったことが当てはまります。課題について仮説を立てたり、結論を書き出したりするのもノートの大事な機能です。

作文や読書感想文を書くのも、思考を深める作業といえます。

3つ目が「**練習**」という機能です。計算や漢字の反復練習に、ノートはなくてはならないものです。頭で何となくわかったつもりでいるだけでは不十分で、実際にくり返し書く作業を行うことで、記憶が定着していきます。

書き方は「構造的」か「思い切る」かの2つ

ノートが持つ機能を説明したのは、**それによって書き方が変わってくるため**です。「記録」が重要な機能を果たすときには、きれいに見やすく整理された書き方が望ましいです。なぜなら、後にふり返って見直すことがあるからです。

しかし、「思考」を重視する場合には、見やすさよりも思いついたことをどんどん書くことが大切になってきます。手が追いつかなければ、頭の中の考えもストップしてしまうからです。

「練習」がメインのときも同じです。字の丁寧さを大事にしたときよりも集中して文字を書き進めるほうがたくさん練習できるわけです。

こうした特性を踏まえて、ノートの書き方には「**構造的に書く**」ことと「思い切り書く」という2つがあるのです。

構造的に書くときに重要なのは、**情報が見やすく整理されていること**です。どこに何が書かれているかをすぐに把握でき、全体的に見やすくなっているかが大切です。

思い切り書くときには、テクニックよりも勢いがモノを言います。子どもの熱意、やる気、集中力がダイレクトに表れるといってもよいでしょう。

大人はとかく「丁寧な字で！」と注意しがちですが、思い切り頭をフル回転させているときのノートで重要になるのは文字の美しさではありません。

子どものノートを見るとき、あるいは書き方を教えるときには、〝**構造的に書く**〟のか〝**思い切り書く**〟のかの**使い分け**が必要だと知っておいてください。

子どものノートを構造化するポイント

思い切り書くときは、書き方で注意することはありません。むしろ、余計な注意などすべて取り払って、とにかく書くことに集中すればよいのです。

それに対して、**構造的に書くときはいくつかのポイントに注意して徹底することで**、格段に見やすく、わかりやすいノートに大変身します。

●ポイント1　日付を書く

ノートに何かを書くときには、**最初に日付を書く**ようにします。

日付の記入欄があるノートならその欄に書き、記入欄がなくても、ノートの欄外の決まった位置に書くことを習慣づけましょう。

構造化する必要があるのは「記録」としてのノートであり、記録の基本は「いつ」「どこで」という情報になります。子どもの場合、「どこで」は学校か家庭かという限られた場所になるので書く必要はありませんが、**いつ学んだかという日付は後から見返すときに重要な情報**です。

●ポイント2　見出しを目立つように書く

ノートを開いたときに、どんな内容の勉強なのかをひと目で理解するには、「**見出し**」**が大きくわかりやすく書かれていること**が大切です。

構造的なノートの基本は日付の記入から

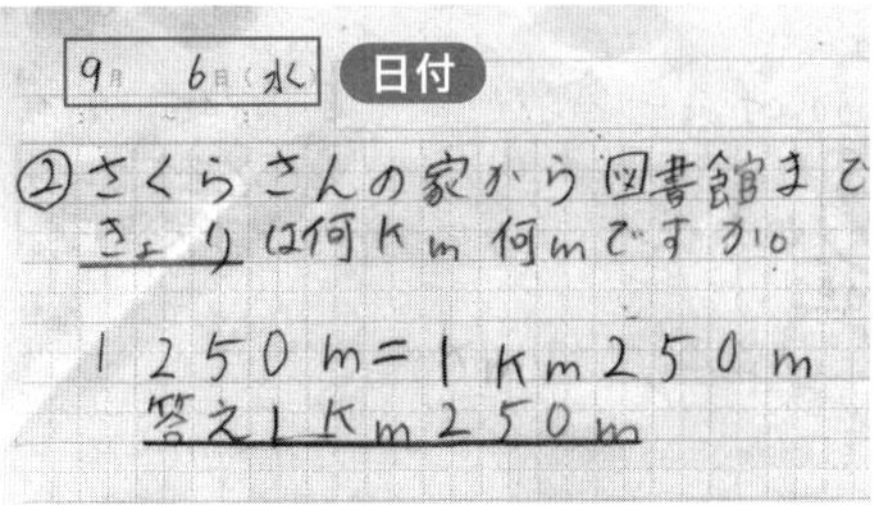

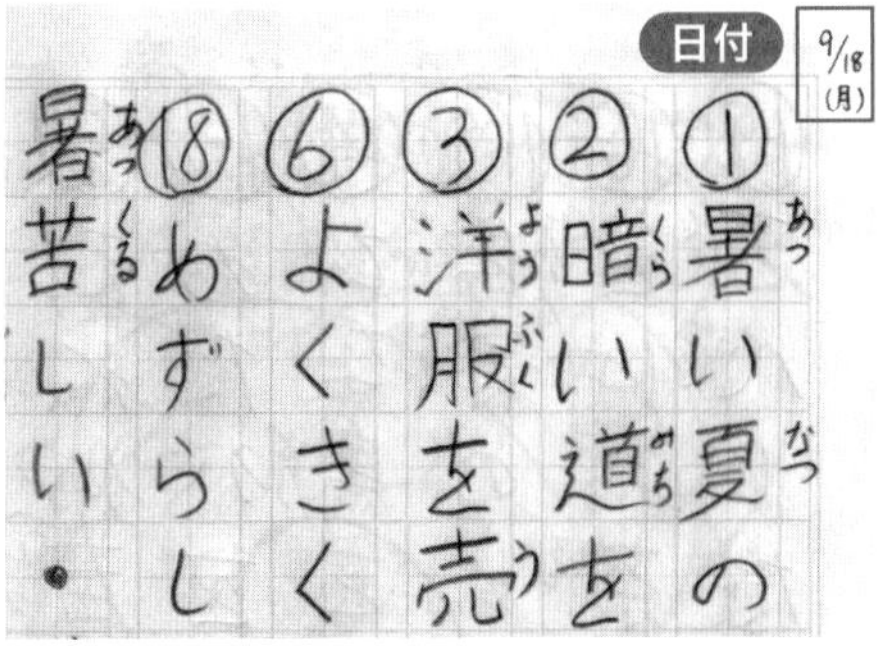

ノート自体に日付記入欄があるときは、そこに記入すればOK。ない場合は、横書きなら左上の欄外に、縦書きなら右上の欄外に記入することを習慣づけるとよい。

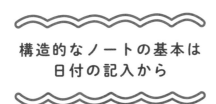

普段の授業が必ずしも大きな見出しに該当する内容から始まらないこともあるかもしれませんが、自分で学んだことをまとめるページを作る際には、ノートの始まりの部分に見出しを書きましょう。

見出しは、単元名やその日に学ぶメインテーマです。文字を少し大きく書いたり、四角で囲ったり、マーキングしたりすることで、目立たせましょう。さらに、その下の階層にある項目は「**小見出し**」として、統一したデザイン性を持たせることで、すっきりと構造化されたノートになります。

●ポイント3　関連するページを書く

問題を解いたり、内容をまとめたりしたのが、どこの内容だったか後からわからなくなるのを防ぐために、**ノートに関連する教科書やドリル、資料集、参考書の名前とページや行を残しておきましょう**。復習のときに、ページをすぐに探せます。

このときに、教科書なら本、資料集なら資、ドリルならドというように、わかりやすい略語や記号、アイコンを決めておくと便利です。

わかりやすい略語や略式記号を考えるのも、アウトプットです。

見出しを大きく書き
関連するページを入れる

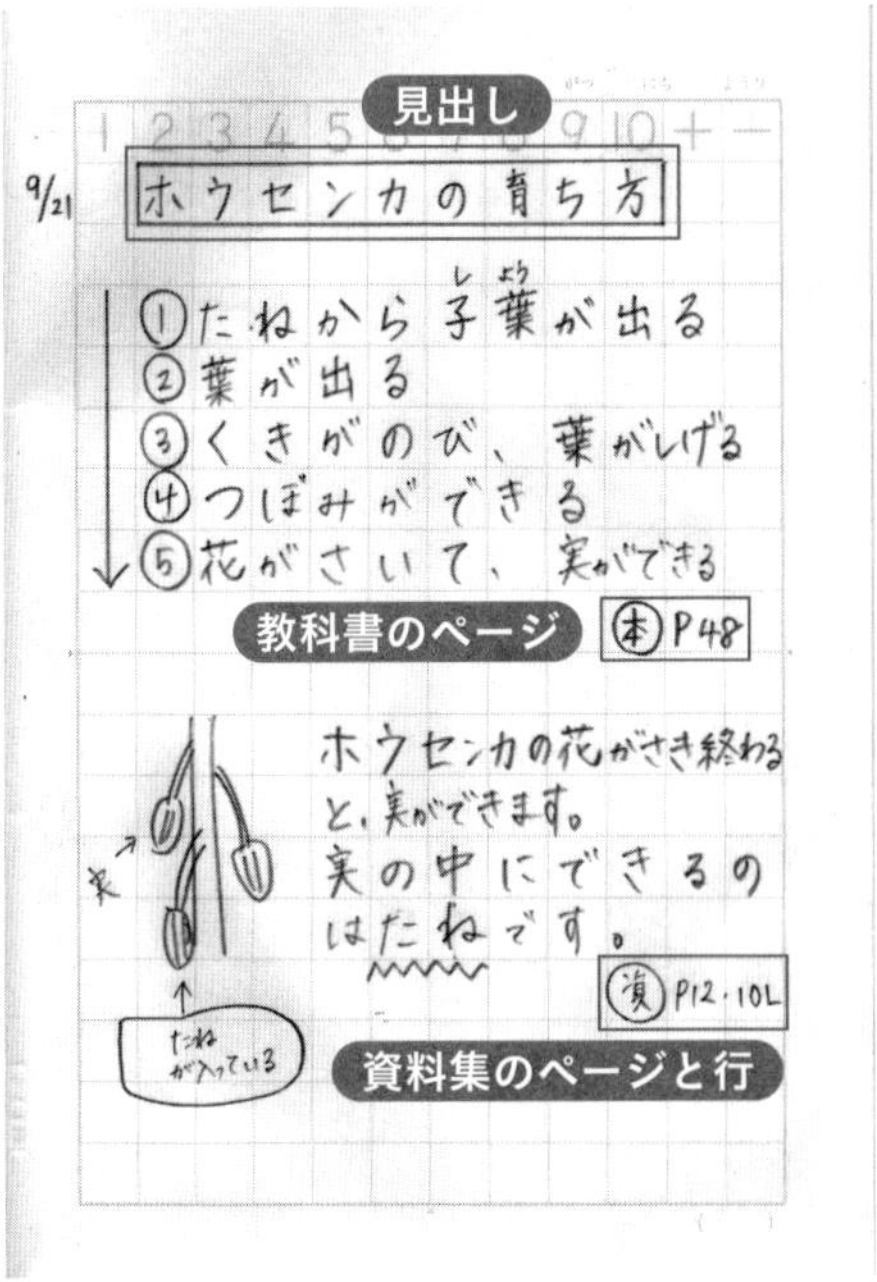

単元名や学習問題は見出しとして大きく書いたり、線で囲んだりして目立たせる。さらに教科書や資料集などの関連するページや行も書き残しておくと、後からすぐに探せる。

●ポイント4　問題番号を書く

子どもが忘れがちなのが、**計算や漢字ドリルなどの問題番号を書く**ことです。早く問題を解きたい気持ちが先走って、番号を書くことを省略しがちですが、番号をつけることによって問題の写し間違いが劇的に減ります。

問題が全部で10問あるのに、番号をつけないと実は9問しかやっていなくても気づけないこともあります。こうしたミスを防いで見やすいノートにするために、**問題の番号は必ず一緒に書く**ように習慣づけましょう。

そのほか、**番号を振って箇条書きにすること**で項目が整理されたり、算数の筆算をするときには**縦と横をしっかり揃えること**に注意することで、ノートが見やすくなったりするだけでなく、ケアレスミスが減るようになります。

子どもが構造的に書くことを実践できていない場合は、なぜそれが必要なのかを理解できていないことがあります。構造的に書かれたノートと、そうでないものを見せ、どちらが見やすいかを子どもに聞いてみましょう。どちらが見やすいかがわかれば、子どもも実践しやすくなります。

問題番号の数字に大小をつける

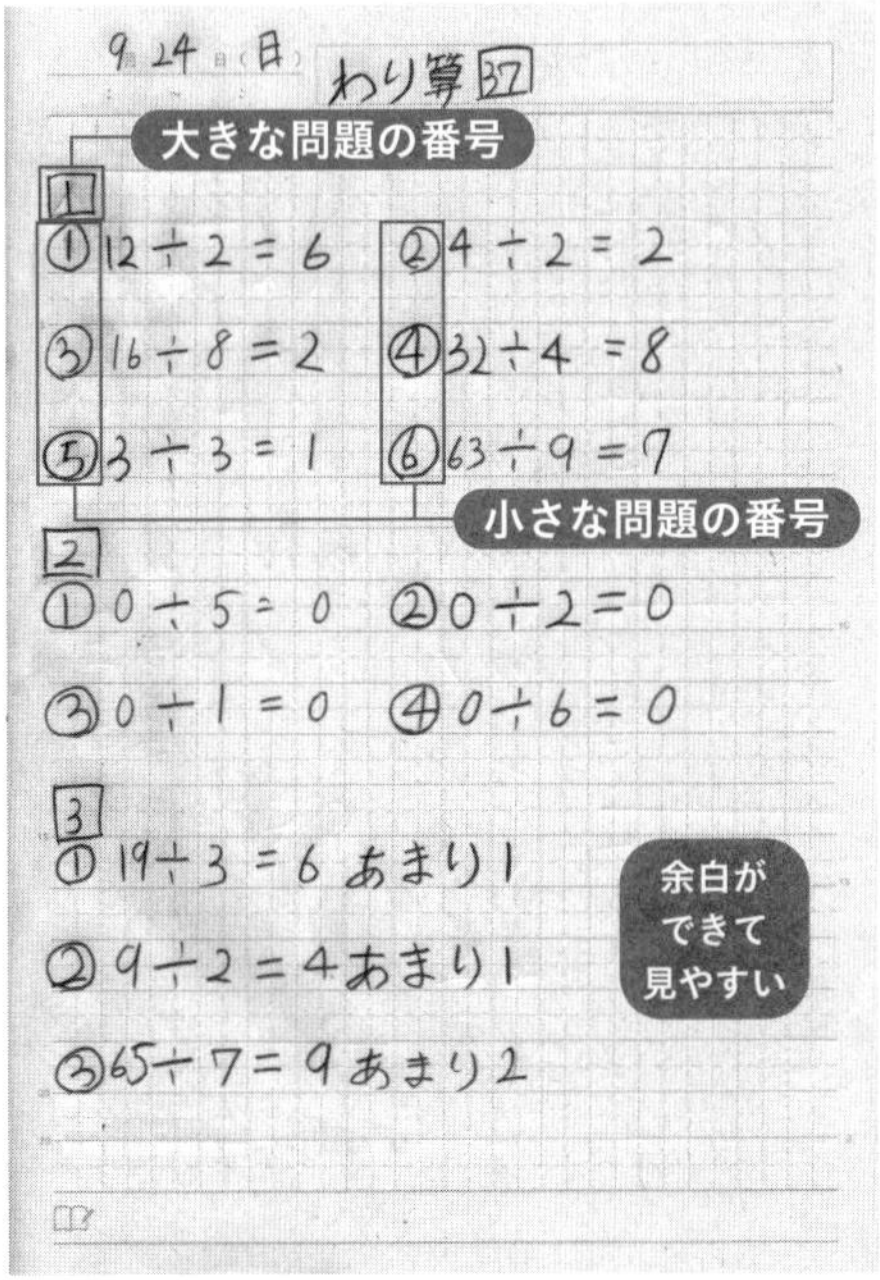

大きな問題番号の1と小さい問題番号の①を必ず入れよう。ノートが整理され、自然にスペースも生まれるので見やすくなり、ケアレスミスも減る。

実践 アウトプット勉強法

本やマンガの感想を書かせてみよう

夏休みの宿題として出されることが多い読書感想文。興味のない本を読まされて、書きたくもない感想文を書かされて、その結果褒められもせずに、子どもが読書も作文も嫌いになってしまうのはとても残念ですね。

感想文の書き方にはコツがあり、コツを知っていれば書くことに対する苦手意識がなくなって取り組みやすくなります。それどころか、**読書も作文もどちらも好きになれるきっかけにもなります。**

読書感想文のコツとは、書き始める前に「**読書感想文のための7つの質問**」を使って、親子で対話をしながら、感想文の「**構想メモ**」を作成することです。

いきなり作文用紙を目の前に置いて、「さぁ、書いてごらん」と伝えたところで、子どもは何から書き始めてよいかわかりません。

大切なのは、書き始める前の準備なのです。

●読書感想文のための7つの質問

❶ どんな人が出てきたの？
❷ その人についてどう思う？
❸ 本を読んでどう思った？
❹ 作者は何を一番言いたいのかな？
❺ どんな場面や言葉が心に残った？
❻ 自分にも似たようなことがある？自分ならどうする？
❼ 作者や登場人物にどんなことを言ってあげたい？

読書感想文を書くコツをつかむまでは、本を読んで子どもが感じたことや書きたいことを親が聞き出そう。親子で「構想メモ」を作ると取り組みやすい。

低学年なら、次のページの「4つの質問」に絞ってもいいでしょう。

大人が子どもに質問をして子どもが答え、引き出した答えはメモしていきます。

子どもがうまく質問に答えられなかったり、具体的な答えが返ってこなかったりした場合は、「そう思うのはどうしてかな?」「たとえば、こういうことかな?」という具合に追加の質問でサポートしてあげると、子どもも考えやすくなります。

そして、**親子で「構想メモ」を作成して流れを整理すれば、後はその構想に沿って書き進めるだけ**です。

宿題として取り組まなければいけないこともあるでしょうが、**子どもが本を1冊でも読んだら感想文を書いてアウトプットすると、読解力も文章力も飛躍的に向上して**いきます。

マンガでもOKなので、アウトプットの機会をはさむとよいでしょう。

まとめ

感想文は書き始める前の準備が大切。「7つの質問」で、子どもが書きたいことを引き出してください。

読書感想文構想メモの例（低学年向け）

本のタイトル	わすれられないおくりもの
作者	スーザン・バーレイ
①この本を読んで心に残ったのはどんなこと？	・森のみんながあなぐまに教えてもらったことを思い出すところです。あなぐまがいなくなっても教わったことは残っていて、それを「おくりもの」として大切にしているのだと思いました。
②自分にも似たようなことがある？　自分ならどうする？	・わたしのおじいちゃんは魚をさばくのが上手で、わたしにひものの食べ方を教えてくれ、今では上手にできるようになりました。 ・自分ができることはお友だちにも教えてあげます。たとえば、プールで顔を水につけるのがこわいというお友だちに「水の中はおもしろいよ」と教えてあげて、もぐれるようになりました。

③この本を読んで、今どんなことを考えている？	・おじいちゃんは遠くにすんでいてあまり会えないけれど、食事でひものが出るとおじいちゃんを思い出します。食べ方を教えてくれて「ありがとう」と伝えたいです。 ・相手を思って親切に教えてあげれば、はなれることがあっても相手の心に残っていくのだと思いました。
④作者や登場人物、自分にどんなことを言ってあげたい？	・あなぐまへ あなぐまのやさしい気持ちは森のみんなに伝わったよ。わたしもやさしい人になれるようにがんばるね。 ・森のみんなへ あなぐまから教わったことを、いつかほかのだれかにも伝えてあげたいね。

実践 アウトプット勉強法

ホワイトボードに自由に書かせてみよう

書くことが苦手な子もいますが、普段の生活の中で書く機会を増やせば書く力が自動的に磨かれていくものです。紙やノートに書くのもよいですが、家族全員が見られて、**書き（描き）込めるホワイトボードを用意するのもおすすめ**です。

ホワイトボードについては、印象に残っていることがあります。

以前、私がハウスメーカーのセミナーで講演したときのことです。モデルハウスをいくつか見せてもらったところ、その中にリビングの壁の一部が大きなホワイトボードになっている家がありました。案内してくれた担当者に壁のホワイトボードについて聞いたところ、住んでいる人が好きなことを書ける（描ける）ので、**家族間のコミュ**

ニケーションを円滑にするツールになると説明してくれました。

実際、壁のホワイトボードが気に入って家を購入した人たちは、家族に向けてメッセージや連絡事項を書いたり、それに対する返事を書いたりと、大いに活用しているとのことでした。

たとえば、子どもが「パパへ　出張気をつけてね。明日、ぼくはリコーダーのテストなんだ。ファの音の指がむずかしいけどがんばる」というようにです。メッセージのとなりには、リコーダーのイラストも描いてあったそうです。

旅行のプランを家族みんなで考えるときに、アイデアや決まったことを壁のホワイトボードに書き出すという使い方をする家族もいるそうです。

ビジネスの世界では、数名の社員やスタッフが集まり、1つのテーマに対してアイデアを出し合ってホワイトボードに書き出す「ブレインストーミング」が行われることがあります。同じように、家族で行うブレストツールとしてもホワイトボードは役立ちます。

壁一面は難しいとしても、100均やホームセンターで手に入るサイズのホワイトボードで十分です。ホワイトボードをリビングに置いておけば、家族が自由に何かを書く（描く）ことができて、使い道は自由自在です。

大きめのホワイトボードを設置すれば、**子どもがダイナミックなお絵描き**を楽しむことができます。いくら描いてもすぐ消せるので、新しいものを描きたくなれば消してまっさらなところに描き始められるのがいいですね。

ホワイトボードを黒板に見立てて、**子どもは先生のマネをしながら学校で学んだことを保護者の方に説明してくれる**という話も聞きます。これも、よいアウトプット学習です。

子どもが学校で使うものを準備する際にも、ホワイトボードを活用できます。

親が必要なものをホワイトボードに書き、子どもは用意したらチェックをつけて、お互いに確認し合うのです。筆箱やランチョンマット、上履きなど、よく使うアイテムは、その形のマグネットを使ったり、マグネットにアイテムの文字を書いておいたりするのも便利です。子どもも「できた！」と、マグネットを貼りつけながら、楽しく持ち物の準備ができます。

口頭で説明されるより、ホワイトボードに書き出してもらったほうがわかりやすく、子どもは目で確認しながらチェックできます。実際こうした使い方で、忘れ物が減らせたという子もいます。

まとめ

家族が自由に書けるホワイトボードがあると、親子関係がよくなり、子どもの書く力も伸びていきます。

気兼ねなく書く（描く）ことができるホワイトボードを自宅に用意すると便利。メッセージのやりとりや、アイデアを家族で自由に書き出そう。

実践 アウトプット勉強法

文章をそのまま書き写させてみよう

問題文をそのまま書き写しているはずなのに、子どもが書き写したものを見ると、誤字があったり、途中の文字が抜けていたりすることはありませんか。国語のテストの当てはまる部分を抜き出す問題でも、抜き出す部分はわかっているのに、文字を写し間違えてバツをもらってしまうこともあるかもしれません。

子どもはいろいろなところに興味が向きがちなこともあり、〝文章をそのまま書き写す〟ことが意外と難しかったりします。とはいえ、もったいない写し間違いを減らせるに越したことはありませんね。

文章をそのまま書き写す力のことを「**視写力**」と呼びます。

視写力がつくと、文をより速く正確に写せるようになります。ただ、文字を速く正確に書けるようになることだけがメリットではありません。**視写力が上がると、文節や言葉、意味のまとまりを捉えられるようになり、読解力が上がります。**

そして、〝まとまり〟で文章を捉えられるようになると、記憶できる情報量が増え、さらに書き写しの能率が上がるなど、雪だるま式に学力の伸びを期待できます。

読んでいるだけでは気づかなかった表現の奥深さを味わえたり、意味がわからなかったところがわかるようになったりといったメリットもあります。

視写は、文章をそのまま写し取るだけの単純明快な学習法です。

そっくりそのままマネして写すだけとはいえ、書く技術が磨かれることはよく知られています。作家になりたい人が憧れの作家の文章をそのまま書き写して修業をするというのも、文章力を向上させる古典的な訓練法として今でも行われています。

文章を書く機会が増えれば、自動的に漢字を書く機会も増えるので、語彙力も磨かれていきます。

やや古いタイプの学習法と思われていますが、視写の効果は改めて見直されていて、昨今、中高生の朝時間に新聞の社説を書き写させる学校も増えているようです。**心を落ち着けて文字を写し取ることで、マインドフルネスという「今」だけに集中できる精神状態を意識的につくる**ことに一役買っているとの報告もあります。認知能力を上げるとして中高年者の間で「写経」も流行していますが、それも似たような効果を期待してのものです。

小学生が実践する**視写の基本は、教科書の書き写し**になるでしょう。**教科書を書き写すだけでテストの点数が伸びる**のは証明された事実で、ただ写すだけとはいえ学力向上効果は高いといえます。

そのほか、小学生新聞の記事を写す取り組みをする親子の話を聞くこともあります。自分の好きな歌の歌詞や小説のセリフなどを、親に言われなくても書き出すなら、それでもよいでしょう。くり返しになりますが、アウトプット学習は、子どもが自ら進んで実践することが大切だからです。

ただし注意点としては、これが向かない子どももいることを頭に入れておいてほしいと思います。

事実、視写はコツコツと書き写すことが好きな子には向きますが、興味の対象が広くてクリエイティブな発想を楽しむタイプの子には苦痛な時間になりかねません。

視写に限りませんが、学習法には子どものタイプで合う／合わないがあります。子どもの特性に合わせて、できそうかを判断してあげてください。

まとめ

文章を書き写す練習をして「視写力」が上がると、読解力が磨かれ、テストの点数も伸びますよ。

書き写しを楽しめる子には、ぜひ教科書や小学生新聞の記事などの書き写しをさせてみて。文章のまとまりを捉えられるようになり、学力が底上げされる。

実践 アウトプット勉強法

へんてこ教科書クイズを作ってみよう

学校では、子どもたち一人ひとりの習熟度に合わせて学習をするのが難しいかもしれません。だからこそ、家庭では子どもの理解度に合わせて、楽しく学習する習慣をつけられるとよいですね。**親が自分のために作ってくれるオリジナルの問題なら、楽しく学習に取り組める子が多い**ものです。

教科書や参考書を使って、ぜひ教科書クイズを作って子どもに解かせてみましょう。まじめな問題だけでなく、**ユーモアのある問題を作ってあげると、子どももノッて楽しく学習が進みます。**いくつか例を挙げるので、問題作りのヒントにしてください。

●三択／四択クイズ

次のうち、正しいものはどれでしょう。

❶ 国が行う事業は喫茶店で話し合われ、占いや気分にしたがって行われる。
❷ 国が行う事業は国会で話し合われ、法律や条令にしたがって行われる。
❸ 国が行う事業は日銀で話し合われ、占いや気分にしたがって行われる。

【正解】❷

次のうち、源頼朝が開いたのはどれでしょう。

❶ だれにも開けられなかった宝石箱。
❷ 電車に乗るための自動改札。
❸ 武士による初めての政権である鎌倉幕府。
❹ 猫型ロボットの四次元ポケット。

【正解】❸

●選択クイズ

（　　）の中の正しいものを選びましょう。

毎年、夏から秋にかけて日本には（宇宙人・台風・神さま）が近づくことがあり、風が強くなったり、短時間にたくさんの（雨・イケメン・UFO）が降ったりします。

【正解】台風／雨

●○×クイズ

❶〜❺で、正しいものには○を間違っているものには×をつけましょう。

❶ツバメは春から夏にかけて日本で子育てをする。

❷9月、10月になって寒くなると、ツバメはコタツで丸くなる。

❸9月、10月になって寒くなると、ツバメは南の国へわたっていく。

❹季節によって暮らしやすい土地を求めて移動する鳥を、わたり鳥という。

❺季節によって暮らしやすい土地を求めて移動する鳥を、焼き鳥という。

【正解】❶○／❷×／❸○／❹○／❺×

そんなふざけた問題で大丈夫かと心配になるかもしれませんが、へんてこな問題を楽しんでいるうちに、不思議とキーワードが頭に残って、教科書のおさらいができています。勉強が嫌いな子でも、これならやってみたくなるのではないでしょうか。

そして、ぜひおすすめしたいのが、「へんてこ教科書クイズを作って、お父さんにやらせてみよう」などと投げかけて、子どもに問題を作ってもらうことです。問題を作るためには、まず教科書をよく理解しなければなりません。さらに、その内容を、形を変えてアウトプットしなければなりません。この一連の過程が、非常によい学習になるのです。

まとめ

教科書に書いてある内容でも、へんてこな問題にアレンジして取り組むだけで楽しいものです。

実践　アウトプット勉強法

なぞなぞやしりとりで漢字に親しもう

漢字の勉強が苦手な子に無理やり漢字の書き取りをさせたところで、子どもは漢字を嫌いになってしまうだけでしょう。

とはいえ、漢字を苦手なままにしていると文章の内容が理解できず、読解力もなかなか伸びません。

読解力は国語だけでなく、すべての教科の学習の基礎となるものです。特に高学年の社会になると、漢字を使った専門用語や熟語がたくさん出てきます。

教科書に「日銀の公定歩合」と書かれていたとしても、正しく読むことができなければ、辞書で意味を調べることもできませんね。

反対に**漢字を得意にしておけば、自然に語彙も増えて、学力アップの下支えをしてくれます。**

そこで、特に低学年のうちは、大人も協力しながら、**子どもが漢字を楽しんで覚えられるように工夫してあげてください。**

子どもが漢字を好きだと思えたなら、だれに命じられなくても、覚えた漢字をきれいに書けるようになりたいと思って練習をがんばれます。

また、街の看板やポスターに知らない漢字を見つけたときには、「何て読むの？」と聞いてくるかもしれません。

習っていない漢字に対しても、自分から知ろうと積極的になれるわけです。

子どもを漢字好きにさせるには、子どもに漢字の学習が「楽しい！」と思わせられるかがポイントです。

そこで一例として、私が作った「**漢字なぞなぞ**」を紹介しましょう。

例題は、すべて小学1年生で習う漢字を元にして作っています。

●**漢字なぞなぞ**

次のなぞなぞの答えになる漢字を答えましょう。

❶ 火の中に立っている生き物は？

❷ 貝の歯はどこにある？

❸ 人は木の横で何をする？

❹ 林の上に木を植えると何になる？

❺ 口に十字架を入れると何になる？

❻ 100から1を引くとできる色は？

【正解】❶人（「火」には「人」がいる）／❷目（「貝」の「ハ」は「目」の下にある）／❸休（む）（「イ（にんべん）」＋「木」）／❹森（「木」＋「林」）／❺田（「口」＋「十」）／❻白（「百」から「一」を引く）

まずは大人が問題を作って子どもに解いてもらいます。それで、子どもがのってきたら、一緒に作ったり1人で作ってもらったりしましょう。この過程が、とてもよいアウトプットになり、学習の定着につながります。

そのほか、「**漢字パーツしりとり**」もおすすめです。やり方は、前の人が出した漢字のパーツ（部分）を引き継いで、しりとりのようにつなげていきます。部首に限定せず、同じ形をつなげればOKです。勝敗を決めることよりも、長く続けられるように楽しむとよいでしょう。

●漢字パーツしりとり

例 家▼字▼遊▼道▼連▼輸▼輪…

例 明▼育▼能▼化▼花▼草▼朝…

ゲーム感覚で取り組んで、漢字の楽しさを教えてあげたいですね。

まとめ

「漢字なぞなぞ」や「漢字パーツしりとり」で、親子で楽しみながら漢字好きになれるといいですね。

漢字力がつくと語彙が増えるのはもちろんのこと、すべての教科の理解度が上がっていく。親子で漢字に親しみながら、楽しく漢字力を身につけよう。

実践 アウトプット勉強法

身近な人が出てくる文章問題を作ってみよう

私が教員時代に担任を受け持った、2年生のAさんのエピソードを紹介します。

Aさんは、毎日家庭で自主学習をして、ノートにそれを書いていました。特にがんばって取り組んでいたのが、算数の文章問題でした。続けられたのは、Aさんの保護者の方が毎日手作りの問題を用意してくれたことが大きな理由だったと思います。

その方がAさんに出した手作り問題には、取り組みたくなる秘密がありました。それは、問題文の中にAさん自身や、家族、友だちなどが登場したり、実際のAさんの生活であった出来事を例にしたりと、Aさんが状況を想像しやすい問題ばかりだったのです。

たとえば、「Aさんは8才です。お母さんは34才です。Aさんはお母さんが何才のときに生まれたのでしょう」「Aさんは400字の原稿用紙に読書感想文を書いています。今、72マス空いています。何マスの文字を書いたでしょう」という引き算の文章問題です。

問題文の中に子ども自身や家族、友だちが登場すると、**子どもはうれしくなってその状況を想像して楽しみながら答えを出そうとします。**

また、知っている名前が登場することで問題の状況をイメージしやすくなり、問題を解く方法も見つけやすくなります。それに、わざわざ自分だけのために問題を作ってくれることも喜びで、**作ってくれた人に対する感謝の気持ちも持つ**ことでしょう。

文章問題を解くときに、具体的な場面や人物をイメージしながら考えられることは大切なことです。文章問題に知らない子の名前が出てきたら、子ども自身の名前や友だちの名前に置き換えて問題を作り直してみるように促すのもよいでしょう。

それから問題文の状況を絵や図にしてみると、理解が早まったり、やる気を出せたりする子もいるので効果は絶大です。

文章問題を子ども自身に作らせることも、アウトプット学習として有効です。

親が式だけを与えて、子どもに問題文を作らせるのです。子どもは文章問題を解くことには慣れていますが、文章問題自体を作ることには慣れていないものです。そもそも問題を作る機会が多くないうえに、あまりにも自由に発想できてしまう分、どうしてよいか困ってしまうのでしょう。

たとえば、「25×3」という式を作るための問題を、子ども自身に考えてもらうときのことを例にしてみましょう。

そのときに、登場人物に子どもの名前（Bさん）を入れるように条件をつけます。このたった1つの条件でも、子どもは問題を作りやすくなるものです。

「Bさんは25㎝のリボンを3本持っています。全部で何㎝ですか?」というように、問題文を作れたのなら花丸です。

「Bさんと、Bさんのお母さんとお父さんは、家を25軒ずつ持っていました。全部で何軒の家を持っていますか？」という夢のような問題が作れた子も、花丸です。

現実感があるかどうかは別として、アウトプット学習という面ではおもしろい問題を作れたと、褒めてあげたいですね。

まとめ

子どもの名前が入ったオリジナルの文章問題なら、積極的に解きたくなるものです。

文章問題に取り組むために、子どもや身近な人を登場させた文章問題を用意してあげるのがおすすめ。「1問できた！」が次のステップに進むために重要。

実践 アウトプット勉強法

方眼紙にいろいろな図形を描かせてみよう

算数の学習において、計算や文章問題はスムーズにこなせても、図形は苦手という子がいます。だからといって、図形の問題だけをたくさんやったところで、苦手意識を強くするだけかもしれません。

それよりも、**日常の生活で図形に触れる機会を増やして、親しみを持たせるほうが、図形の問題に強くなれる**でしょう。

特に立体図形には角度によって見えない部分があり、それを自分の頭の中で補う「**空間認識力**」がともなわなければ、答えを導くことが難しいです。

ですが、日常的に立体のものを触っていろいろな角度から眺めていれば、見えていない部分を自分で補完できるようになるのです。

図形に親しむ遊びの具体例は、**折り紙**、**積み木**、**図形パズル**、**粘土遊び**、**ブロック遊び**などです。

図形パズルの内、平面パズルでは「**タングラム**」が有名です。タングラムは、正方形をいくつかのピースに切り分けたものを使い、自由に形を作って楽しむパズルです。正方形の紙を実際に切り分けていろいろな形を作る過程で、図形の認識力が高まるほか、創造力（想像力）も育まれます。

立体なら「**賢人パズル**」（株式会社エド・インター）などのブロックパズルがよいかもしれません。形が異なる7種類のブロックを使って立方体を作るパズルで、遊んでいるうちに空間認識力が向上していきます。

そのほか、にんじんや大根などの**野菜を切る経験**も、**立体図形の認識力を高めるのにうってつけ**です。親子で楽しく料理をしながら、図形に親しむことができますね。

方眼紙やドット方眼紙に図形を描くのもおすすめです。

方眼紙に三角定規やコンパスを使って、三角形、四角形、平行四辺形、台形、五角形、六角形、円、星形などの図形を描くことで、図形の特性への理解を深められます。

ドット方眼紙なら、点と点をつなぐだけでいろいろな図形を描くことができます。ロボットやビルを描いてもよいですし、模様を描いて色を塗るのも楽しいですね。

ただ遊んでいるように見えるかもしれませんが、このようなアウトプットを楽しむことで、いろいろな図形の特徴をつかむことができます。それによって、**図形問題を解く力が自然に身につきます。**

三角形の面積の公式がなぜ「底辺×高さ÷2」になるのかを説明するのは意外と難しいと思います。

一例を挙げれば、長方形の中に同じ高さの三角形を描き、三角形の頂点から垂直に線を下ろします。すると、左側と右側に等しい面積の三角形が2つできます。だから、長方形の面積「底辺×高さ」を2で割ると三角形の面積になります。

こうした説明を図を示しながらできるなら、もし公式を忘れてしまっても三角形の面積を求めることができます。

高学年で出題される、複雑な図形の問題でも役立ちます。

たとえば、大きな円の中に小さな円が2つあって、小さな円に含まれない部分の面積を求める問題などです。

一見難しい問題も、普段から複雑に混じり合う円を描いて色を塗る遊びをしていると、「大きな円から小さな2つの円の面積を引けばいい」とひらめくことでしょう。

まとめ

方眼紙に図形や模様を描くなど、普段から図形に親しむ子は図形の問題が得意になります。

図形パズルをしたり図形を描いたりすると、図形の問題が得意になるだけでなく、豊かな創造性を育める。学ぶだけでなく、親しむことが大切。

実践 アウトプット勉強法

小さな世界をのぞいてみよう

私は子どもの頃、虫眼鏡を手にしながら遊ぶことが大好きでした。チョウやトンボの羽を虫眼鏡で観察して、子どもながらにその美しさに感動したことを覚えています。新聞の文字を拡大して、「整った字だなぁ」と思ったり、手のひらを拡大して、「食べたものからどうして体が作られるんだろう」と不思議に思ったり、虫眼鏡が見せてくれる世界に魅了されていました。

今でも**学校では虫眼鏡を使って生物を観察する学習が行われており、拡大することで見えてくるものに興味を持つ子は多い**でしょう。

昨今は、数千円で購入できる「**携帯顕微鏡**」が市販されていて、子どもの知的好奇心を大きくするアイテムとしておすすめです。20〜40倍ほどの倍率に拡大でき、ライトも内蔵されているので、花、昆虫、布、食品など、身の回りにあるさまざまなものを簡単に拡大して見ることができます。

また、**「スマホ顕微鏡」**というものもあり、スマホのカメラ部分に装着するだけで、対象を400倍ほどに拡大して見ることができます。スマホのライトを当てながら昆虫や植物などの構造を拡大して見ることができ、写真撮影もできます。

さらに、スマホやパソコンの画面にミクロの世界を映し出せる**「デジタル顕微鏡」**を使えば、対象物を1000〜1800倍ほどに拡大し、写真撮影も可能です。細菌などの微生物を確認するにはこのレベルの倍率が必要ですが、拡大率が上がれば操作もやや高度になり、少し値が張るものもあります。とはいえ、普段見ることのない世界をのぞける点は魅力です。

こうした顕微鏡などのアイテムを使って拡大したものを見るのは、子どもだけでなく、大人にとっても感動の体験になることでしょう。

私が教師だったときには、顕微鏡をクラスに数台置いて、子どもたちが自由に使えるようにしていました。


子どもたちに人気だったのは、教科書のカラー写真です。顕微鏡で写真を拡大して見ると、水色やピンク、黄色、黒のドットが見られます。印刷された写真がこれらのドットの組み合わせでできていることを知って、それは不思議がっていたものです。

教室に落ちている塵やほこりを拡大して見たときは、キラキラしたきれいなものが混じっているのを見つけて、驚いた子がいました。

ほかにも、ティッシュやカーテン、ノートに書いた鉛筆の文字、給食のパン、塩、砂糖、髪の毛など、身近ないろいろなものを顕微鏡で見せ合いっこしながら、拡大された小さな世界を楽しんでいました。

顕微鏡で小さな世界を見たからといって、すぐに理科が得意になるわけではありません。

でも、目の前にある身近なものの構成要素を見るという感動体験そのものが、子どもの感性と探究心を養ってくれるのです。

見たものをスケッチすれば、さらに深く観察できますし、プリントアウトした写真にコメントを書けば、さらに思考を深めることができます。気に入った写真があれば、しおりにしてもよいですね。

まとめ

携帯顕微鏡は私のイチ押しアイテムです。身近なものを拡大すれば、そこには感動世界が広がっています。

携帯顕微鏡などで、身の回りのものを拡大して見ると、まったく知らない世界が映し出される。顕微鏡で視野も感性も広げよう。

実践 アウトプット勉強法

「おもしろ作文」を書かせてみよう

作文というと、実際にあったことや体験したことを書くというイメージがあるかもしれません。

しかし、毎日そんなに新鮮な体験をすることもないでしょうし、結果的に書くことがないということになってしまいます。文章は本当に起こったことや、現実のことばかり書かなくてはいけない、という決まりはありません。思う存分、想像の羽を広げて書く文章も楽しいものです。

とはいえ「何でも自由に書いていい」と言われても、子どもは困ってしまうでしょう。そこで、子どもが楽しんで文章を書ける作文の例を挙げましょう。

たとえば、**何かに変身して書く「変身作文」**はいかがでしょうか。

「目が覚めたら、○○になっていました」という書き出しで始めます。自由に発想を広げて書くことができるので、子どもたちが喜んで書く作文の1つです。○○の部分は、大人が決めてもいいですし、子どもが自分で決めてもかまいません。

おまんじゅう、赤ちゃん、ロボット、ゴキブリ、トンボ、校長先生、桜の木、鉛筆……など、変身するものは何でもOKです。

最初は鉛筆だったのに、途中で消しゴムに姿が変わって、「自分で書いたものを消さなくてはいけなくなって、大ピンチ！」という、ストーリーにしてもおもしろそうです。

似たような内容ですが、ありえない想像をする「もし作文」もおすすめです。「もし、○○だったら」と想像して書く作文です。たとえば、「もし、世界に時計がなかったら」という書き出しではどうでしょう。子どもだけでなく、大人でも楽しい想像が膨らみそうですね。

手が4本あったら、鉛筆がしゃべったら、海の水が蒸発したら、口からおならが出たら……などをテーマに、空想的な作文を書くのです。

こうした創作作文は、**ありえない立場や状況を設定することで、子どもにいつもと違う視点を与えます。**思いもよらない発想が出てきて、どんどん書ける喜びも味わえるでしょう。そして、**楽しんで書く内に思考力や表現力が磨かれていく**のです。

脳は〝現実と空想の区別が苦手〟という特性を持っています。空想のストーリーを脳内で作って書き出すだけで、実は、脳内ではその体験をしているのと同じ反応が起きています。こんなに楽しいことはありません！

たとえば、「目覚めたら、桜の木になっていました」という、なりきり作文を書いたとしましょう。入学式の日、学校が不安で泣いている新入生がいて、その子のところに花びらを飛ばしてあげたら、「きれい」と言って泣きやんでくれたという作文を書けば、それも脳は1つの記憶として残します。するとその子が大きくなったときに、入学式で泣いている子を見つけたら、「桜の花もお祝いしてくれているよ。入学おめでとう」と声をかけられるかもしれません。

創作作文などの子どもの頃のかすかな記憶でも、人間の成長に何かしらの影響を与えることをぜひ知っていただければと思います。

現実にあったことだけにこだわらず、文章を楽しく書くことを一番大切にしてほしいと思います。

保護者の皆さんも、子どもの空想の世界にお邪魔して、一緒にその世界を満喫してみませんか。

まとめ

「変身作文」「もし作文」などの創作作文なら、楽しみながら思考力や表現力が身につきます。

いろいろな想像をして書く内に、子どもは自分の心の中で新しい自分や考えと出会い、成長のきっかけになる。そして、書くことが大好きに！

実践 アウトプット勉強法

学習内容のマンガを描かせてみよう

子どもがマンガばかりを読んで、本を読まないと嘆く保護者の方の話を聞くことがあります。

でも、**私はマンガを読むことは、子どもが楽しく知識を増やすよい習慣**だと思っています。特に、偉人の生涯や日本・世界の歴史などを取りあつかった**学習マンガは楽しく学べるすばらしい教材**でもあります。

書店に行けばタイトルに「マンガでわかる」とついた本も多くあります。なぜなら、マンガは大人にとってもわかりやすいからです。大人も子どもも同じことです。

文字だけで書かれている本では、がんばって読み進めないと内容がわかりません。

でも、学習マンガの多くは、博士のように説明をしてくれるキャラクターや、親しみやすい同世代の子どもが登場し、さまざまななぞを解き明かしたり、歴史を教えてくれたりします。伝記や歴史マンガでは、その時代の様子を含めて、登場人物の生き方を知ることができます。

ぱっと見るだけで内容を理解しやすいため、**取りかかりのハードルが低いのが利点**です。だれでも気楽に読み始められ、それでいて内容は的確で情報量も豊富です。

子どもが読む学習マンガは、地球のなぞ、漢字のひみつ、単位のなぞ、歴史マンガ、伝記マンガなど、さまざまなジャンルのものが用意されています。『角川まんが学習シリーズ　日本の歴史』や『世界の歴史』（ＫＡＤＯＫＡＷＡ）、ＤＶＤつきの『学研まんが　ＮＥＷ日本の歴史』（Ｇａｋｋｅｎ）などは根強い人気がありますし、功績や人となりがわかりやすく書かれた『学習まんが　世界の伝記ＮＥＸＴ』シリーズ（集英社）、生き残りをかけて科学をひも解く『科学漫画　サバイバルシリーズ』（朝日新聞出版）もおもしろいです。

とにかく手元にあっていつでも読める環境が大事です。

子どもが興味を持つ分野はもちろん、**普段は興味を持たない分野でも、手元にあればついめくって、そこから好奇心がわいてくることもある**でしょう。図書館も活用すれば、さらに多くの学習マンガを読むことができますね。

私の教え子には、小学校中学年から歴史マンガをたくさん読んで、6年生では歴史博士と呼ばれるようになった子がいました。この子はほかの勉強はそれほど取り組みませんでしたが、歴史に関しては一番のものしりでした。

ですから、ぜひ子どもが学習マンガに親しめる環境を作ってあげてください。

そして、子どもがマンガを読んでいる姿を見たら、「いい勉強をしてるね！」と褒めましょう。**「どんな話なの？」と質問して話を聞いてあげれば、これもアウトプットになります。**

イラストやマンガを描くのが好きな子なら、学習マンガを参考にして、**自分が授業**

などで学んだ内容をマンガにするのもよいですね。これは、すばらしいアウトプットになるはずです。

歴史上の人物でも、昆虫をキャラクター化してももちろんOK。国語で学んだストーリーの1シーンをマンガにするのもよいと思います。

学んだことを自分で別の形にアウトプットすることで、その学習内容についての理解が深まりますよ。

まとめ

学習マンガを読むのもよいですし、絵を描くのが好きな子は、ぜひ自分でマンガにしてみましょう。

学習の中ですごいなと思った人物や物語があれば、オリジナルのマンガにしてみよう。描いているうちに、自分もその登場人物になった気になれる。

実践 アウトプット勉強法

図鑑からカードやカルタを作らせてみよう

学びの体験の中でも、子どもの心に特にインパクトのある感動を与えるのは、本物に触れる「**本物体験**」です。

たとえば、休日に科学技術館に親子で出かけて気象観測装置でシミュレーションをしてみたり、ロケットの模型や本物の宇宙服を見たり触ったりする経験は、子どもの心に大きな印象を残します。そして、後日、天気予報を見るときに気象観測装置のことを思い出したり、ロケットに関するニュースを見ると「この間、見たやつだ!」とアンテナに引っかかるようになります。

とはいえ、普段の生活の中で本物体験をさせるには限界があります。

そこで、おすすめなのが「**図鑑**」です。最近の図鑑は、子どもが知りたいことに寄り添い、情報や知識がわかりやすくまとめられています。生き物の生態や動きのある写真もたくさん掲載されていて、臨場感にもあふれています。

図鑑を大きく分けると、「博物型図鑑」と「テーマ型図鑑」の2種類があります。

博物型図鑑は従来型の図鑑で、たとえば魚の図鑑なら、いろいろな種類の魚が一覧で紹介されているものです。オーソドックスではありますが、最近の図鑑にはコラムやまめ知識などが挿入されて、昔のものより断然おもしろくなっています。

もう一方の「テーマ型図鑑」は、1つのテーマを元に情報が編集されている図鑑です。たとえば、「分解する」をテーマにした図鑑は、機械や建物、乗り物を分解して構造を見せてくれます。テーマ図鑑は、もともと子どもが興味を持ちそうなテーマをあつかっているので、大変おもしろい内容のものが多くあります。

図鑑はリビングなどの、すぐに手に取れるところに置いておくことが鉄則です。テレビで見たことや、家族との会話で出てきたことを調べたり、外出中に出合ったものを調べたりするのに、いつでも手に取ってすぐに調べられる場所に置いておくことは大切です。

ミツバチを見たら、ミツバチについて書かれたページを広げてみましょう。ミツバチ1匹が1時間で作れるはちみつの量はわずか0・02g。お店で売られているような500g分のはちみつを作るには、2万5000時間もかかる計算です。しかも、ミツバチ1匹が一生で作れるはちみつの量はティースプーン1杯程度なので、多くのミツバチのおかげでおいしいはちみつを食べられているのがわかりますね。このように、図鑑で調べるといろいろな情報を知ることができます。

図鑑は読むだけでなく、アウトプット学習に活用することもできます。

図鑑にある写真やイラストの中から好きなものを選んで、その上にトレーシングペーパーをのせ、ずれないようにクリップやセロハンテープでとめます。

そして、トレーシングペーパーの上から写真やイラストをなぞれば、素敵な絵ができます。この方法なら、絵が苦手な子でも自信を持って取り組めます。

写し絵に色を塗ったり、形に合わせて切り取って、厚紙に貼ったりすればカードができます。昆虫が好きな子なら、オリジナルの昆虫カードもよいでしょう。

さらに、カードの裏側にその昆虫の特徴を書き写してもよいですし、特徴を別のカードに書いて読み札にすれば、昆虫カードが取り札になった**カルタとして遊ぶ**こともできます。

このようにアウトプットすることで、新しい発見や内容の定着が可能になります。

まとめ

図鑑は読むだけでなく、オリジナルのカードやカルタ作りの材料にしてもっと楽しむことができます。

図鑑カルタの読み札を作るとなると、図鑑の説明文を熱心に読むように。自然と知識が増え、文章の要約力も身につく。

コラム 3

これもアウトプット

子どもの作品を飾ろう

紙をハサミで切って、セロハンテープでペタペタと貼り付け、ペンやクレヨンを散乱させながら色を塗り始める姿を見て、「また部屋を汚して！」などと叱ってはいませんか？

工作は子どもの「〇〇を作ろう」という自発的な意思から始まり、材料や道具を用意して、試行錯誤をくり返しながら1つの作品を作る複合的ですばらしいアウトプットです。

幼い子どものいる家庭だと、誤飲のおそれがある小さなものは片付ける必要がありますが、そうでなければ、すべて終わってから片付ければよいのです。

それよりも、子どもの作品を見たら、気持ちを込めて褒めてあげましょう。

おすすめしたいのは、言葉で褒めるだけでなく、〝行動で褒める〟ことです。

たとえば、子どもの作品をリビングや玄関に飾ってあげるのです。このときにほんの少しでよいので、作品が引き立つデコレーションをすれば子どもは喜ぶはずです。

工作は透明なケースに入れると引き立ちますし、きれいなお菓子の箱の上にのせるだけでもかまいません。粘土やブロックなどの作品は次のものを作る前に写真を撮ってプリントし、壁に貼るのもよいでしょう。

子どもの作品を大切にする気持ちさえあれば、自分なりの工夫で大丈夫。親のアウトプット力も試されていますね。

おわりに

熱中する子どもが未来を作る

本書を手に取ってくださっている保護者の皆さんが小学生だったときと、現在とでは、社会状況が大きく変わっています。当然、学校をはじめとした子どもを取り巻く環境も大きく変わっています。

そういう変化はこれからもさらに加速すると考えられます。そのような時代に生きる子どもたちに必要とされるものも変わってきていますし、これからも変わり続けるでしょう。

現代の子どもたちはテクノロジーの発達した中に生きています。AIのさらなる発達によって、この先は今ある仕事がなくなったり、一方でまったく新しい仕事が生まれてきたりすると言われています。また、海外から来て日本で働く人が増え、逆に日本から海外に出て働く人も増えていきます。ひと言で言えば、激動の時代が到来するのです。

そういう中で、これから先の未来、どういう人が強く生きていけるのかを考えてみてほしいと思います。この本でも触れているように、私は何かに熱中できる人がその1つだと思います。

なぜなら、そういう人は「自分がやりたいことを、自分で見つけて、自分でグングンやっていく力」があるからです。言い換えると自分軸で生きる力があるのです。

今までの日本社会では、人に言われたこと、みんながやっていること、決まりきったことなどがしっかりできる人がよしとされてきました。大人なら社長や上司、子どもなら親や先生に言われたことができる人です。会社などの組織でも、「何でも言ってください。何でもやります！」と言って、何でも請け負えるタイプの人が重宝されてきました。

要するに組織の歯車として優秀な人です。言い換えると他人の価値観で生きる他人軸の人です。特に主体的な自己実現力などはなくても、全体が伸びていたのでそれで間に合ったのです。

ところが、これからは人が思いつかないアイデアを思いついたり、まったく新しいビジネスを創り出したりできる人が求められます。

仕事だけでなくプライベートでも自分軸の生き方が大事になります。他人軸の人は流行やランキングに振り回されます。皆が読む本を読み、皆が聞く音楽を聞き、皆がやる趣味をやるからです。

もちろん流行やランキングにもそれなりの意味はありますから、まったく無意味と言うつもりはありませんが、それに振り回されているだけでは、自分が本当は何をしたいか、何が好きなのかわからないまま年月が過ぎていってしまいます。

みんながやるからということでやっていて、後になって「実はあまり好きでもなかった」と判明するなどということも起こりえます。

このようなわけで、これからの時代には自分軸で生きられる力が大事になります。ですから、本書で紹介したアウトプット学習に限らず、子どもが目を輝かせて取り組んでいることを応援して、どんどんやらせてあげてほしいと思います。

もちろん、子どもは途中で飽きることもよくあります。でも、そういうときは別の新しい熱中対象が見つかっているので、保護者の皆さんも気持ちを切り替えてそれを応援してあげてほしいと思います。このような熱中体験をしている子どもは、間違いなく自分の人生を自分軸で生きられる人に成長します。

2023年10月　親野智可等

●著者　親野智可等《おやのちから》

教育評論家：本名　杉山桂一。
長年の教師経験をもとに、子育て、親子関係、しつけ、勉強法、家庭教育について具体的に提案。『子育て365日』（ダイヤモンド社）、『反抗期まるごと解決BOOK』（日東書院本社）などベストセラーも多い。人気マンガ『ドラゴン桜』（講談社）の指南役としても著名。Instagram、Threads、X（Twitter）、Blog、メルマガや各種メディアの連載などで発信中。オンライン講演を含む全国各地の小・中・高等学校、幼稚園・保育園のPTA、市町村の教育講演会、先生や保育士の研修会でも大人気となっている。

公式HP　https://www.oyaryoku.jp
Blog「親力講座」　http://oyaryoku.blog.jp
Instagram・Threads・X（Twitter）　@oyanochikara
YouTube　@user-bl1yz4od8i
（2023年10月現在）

自分《じぶん》で話《はな》せて書《か》けるから、やる気倍増《きばいぞう》！
外《そと》に出《だ》してどんどん伸《の》びる「アウトプット勉強法《べんきょうほう》」

2023年11月22日　初版発行

著者／親野智可等《おやのちから》

発行者／山下直久

発行／株式会社KADOKAWA
〒102-8177　東京都千代田区富士見2-13-3
電話　0570-002-301（ナビダイヤル）

印刷所／図書印刷株式会社
製本所／図書印刷株式会社

●お問い合わせ
https://www.kadokawa.co.jp/（「お問い合わせ」へお進みください）
※内容によっては、お答えできない場合があります。
※サポートは日本国内のみとさせていただきます。
※Japanese text only
定価はカバーに表示してあります。

ISBN 978-4-04-606554-4　C0037